無負今日

梁啟超

梁启超读书与做人

梁启超 著

四川文艺出版社

图书在版编目（CIP）数据

梁启超读书与做人 / 梁启超著. -- 成都 : 四川文艺出版社, 2025. 2. -- ISBN 978-7-5411-7137-6

Ⅰ. B259.11-53

中国国家版本馆 CIP 数据核字第 2025UF3676 号

LIANGQICHAO DUSHU YU ZUOREN

梁启超读书与做人

梁启超 著

出品人　冯　静
联合出品　蓝色畅想　AS 逸读文化　有识
责任编辑　王思鈜
特约编辑　王新瑶
内文设计　李梓祎
插画绘制　姑苏阿焦
封面设计　仙　境
责任印制　孙文超

出版发行　四川文艺出版社(成都市锦江区三色路238号)
网　址　www.scwys.com
电　话　010-82372882（发行部）

印　刷　三河市九洲财鑫印刷有限公司
成品尺寸　145mm×210mm　开　本　32开
印　张　9.25　字　数　180千字
版　次　2025年2月第一版　印　次　2025年2月第一次印刷
书　号　ISBN 978-7-5411-7137-6
定　价　52.00元

凡人必常常生活于趣味之中，生活才有价值

大凡忧之所从来，不外两端：一曰忧成败，二曰忧得失。我们得着“仁”的人生观，就不会忧成败。正为在这永远不圆满的宇宙中，才永远容得我们创造进化。

若是意志坚强的人，除非不打定主意做一件事便罢，主意打定，他便百折不回，一定要贯彻到底。并非他的才能比别人高强，并非他的机会比人便利，不过中间有几个关头，别人挨不过的，他却挨过去，便是他成功独一无二的秘诀。

我并不是因为学问是道德才提倡学问，因为学问的本质能够以趣味始，以趣味终，最合于我的趣味主义条件，所以提倡学问。

趣味是活动的源泉，趣味干竭，活动便跟着停止。好像机器房里没有燃料，发不出蒸汽来，任凭你多大的机器，总要停摆。停摆过后，机器还要生锈，产生许多毒害的物质哩。

人生在此不尽的宇宙当中，不过是蜉蝣、朝露一般，向前做得一点是一点，既不望其成功，苦乐遂不系于目的物，完全在我，真所谓“无入而不自得”。有了这种精神生活，再来研究任何学问，还有什么不成？

知乎人与人相通，所以我的好恶即是人的好恶，我的精神中同时也含有人的精神。不徒是现世的人为然，即如孔孟远在二千年前，他的精神亦浸润在国民脑中不少。可见彼我相通，虽历百世不变。

自信与虚心，相反而相成者也。人之能有自信力者，必其气象阔大，其胆识雄远，既注定一目的地，则必求贯达之而后已。

故学莫要于善观。善观者，观滴水而知大海，观一指而知全身，不以其所已知蔽其所未知，而常以其所已知推其所未知，是之谓慧观。

凡职业没有不是神圣的，所以凡职业没有不是可敬的，惟其如此，所以我们对于各种职业，没有什么分别拣择。总之，人生在世是要天天劳作的，劳作便是功德，不劳作便是罪恶。

审美本能是我们人人都有的，但感觉器官不常用或不会用，久而久之麻木了。一个人麻木，那人便成了没趣的人；一民族麻木，那民族便成了没趣的民族。美术的功用，在把这种麻木状态恢复过来，令没趣变为有趣。

目录

第一章

不恨年华去也，只恐少年心事，强半为销磨

第二章 物竞天择，优胜劣汰；苟不自新，何以获存

第三章 人之生也，与忧患俱来，知其无可奈何，而安之若命

第四章 人生须知负责任的苦处，才能知道尽责任的乐趣

第五章 今日之竞争，不在腕力而在脑力

第六章 无专精则不能成，无涉猎则不能通

第一章

不恨年华去也，只恐少年心事，
强半为销磨

少年中国说

日本人之称我中国也，一则曰老大帝国，再则曰老大帝国。是语也，盖袭译欧西人之言也。呜呼！我中国其果老大矣乎？梁启超曰：恶，是何言！是何言！吾心目中有一少年中国在。

欲言国之老少，请先言人之老少：老年人常思既往，少年人常思将来。惟思既往也，故生留恋心；惟思将来也，故生希望心。惟留恋也，故保守；惟希望也，故进取。惟保守也，故永旧；惟进取也，故日新。惟思既往也，事事皆其所已经者，故惟知照例；惟思将来也，事事皆其所未经者，故常敢破格。老年人常多忧虑，少年人常好行乐。惟多忧也，故灰心；惟行乐也，故盛气。惟灰心也，故怯懦；惟盛气也，故豪壮。惟怯懦也，故苟且；惟豪壮也，故冒险。惟苟且也，故能灭世界；惟冒险也，故能造世界。老年人常厌事，少年人常喜事。惟厌事也，故常觉一切事无可为者；惟好事也，故常觉一切事无不可为者。老年人如夕照，少年人如朝阳；老年人如瘠牛，少年人如乳虎；老年人如僧，少年人如侠；老年人如字典，少年人如戏文；老年人如鸦片烟，少年人如泼兰地酒；老年人如别行星之陨石，少年人如大洋海之珊瑚岛；老年人如埃及沙漠之金字塔，少年人如西伯利亚之铁路；老年人如秋后之柳，少年人如春前之草；老年人如死海之潴为泽，少年人如长江之初发源：此老年与少年性格不同之大略也。梁启超曰：人固有之，国亦宜然。

梁启超曰：伤哉，老大也！浔阳江头琵琶妇，当明月绕船，枫叶瑟瑟，衾寒于铁，似梦非梦之时，追想洛阳尘中春花秋月之佳趣；西宫南内，白发宫娥，一灯如穗，三五对坐，谈开元、天宝间遗事，谱霓裳羽衣曲；青门种瓜人，左对孺人，顾弄孺子，忆侯门似海珠履杂遝之盛事；拿破仑之流于厄蔑，阿剌飞之幽于锡兰，与三两监守吏或过访之好事者，道当年短刀匹马，驰骋中原，席卷欧洲，血战海楼，一声叱咤，万国震恐之丰功伟烈，初而拍案，继而抚髀，终而揽镜。呜呼！面皴齿尽，白发盈把，颓然老矣。若是者，舍幽郁之外无心事，舍悲惨之外无天地，舍颓唐之外无日月，舍叹息之外无音声，舍待死之外无事业，美人豪杰且然，而况于寻常碌碌者耶？生平亲友，皆在墟墓，起居饮食，待命于人，今日且过，遑知他日，今年且过，遑恤明年，普天下灰心短气之事，未有甚于老大者。于此人也，而欲望以拏云之手段，回天之事功，挟山超海之意气，能乎不能？

呜呼！我中国其果老大矣乎？立乎今日，以指畴昔，唐虞三代，若何之郅治；秦皇汉武，若何之雄杰，汉唐来之文学，若何之隆盛；康乾间之武功，若何之烜赫；历史家所铺叙，词章家所讴歌，何一非我国民少年时代良辰美景、赏心乐事之陈迹哉。而今颓然老矣，昨日割五城，明日割十城，处处雀鼠尽，夜夜鸡犬惊，十八省之土地财产，已为人怀中之肉，四百兆之父兄子弟，已为人注籍之奴，岂所谓“老大嫁作商人妇”者耶？呜呼！凭君莫话当年事，憔悴韶光不忍看，楚囚相对，岌岌顾影，人命危浅，朝不虑夕，国为待死之国，一国之民为待死之民，万事付之奈何，一切凭人作弄，亦何足怪。

梁启超曰：我中国其果老大矣乎？是今日全地球之一大问题也。如其老大也，则是中国为过去之国，即地球上昔本有此国，而今渐澌灭，他日之命运殆将尽也；如其非老大也，则是中国为未来之国，即地球上昔未现此国，而今渐发达，他日之前程且方长也。欲断今日之中国为老大耶？为少年耶？则不可不先明“国”字之意义。夫国也者何物也？有土地；有人民；以居于其土地之人民而治其所居之土地之事；自制法律而自守之，有主权，有服从，人人皆主权者，人人皆服从者。夫如是斯谓之完全成立之国。地球上之有完全成立之国也，自百年以来也。完全成立者，壮年之事也；未能完全成立而渐进于完全成立者，少年之事也。故吾得一言以断之曰：欧洲列邦在今日为壮年国，而我中国在今日为少年国。

夫古昔之中国者，虽有国之名，而未成国之形也。或为家族之国，或为酋长之国，或为诸侯封建之国，或为一王专制之国，虽种类不一，要之其于国家之体质也，有其一部而缺其一部。正如婴儿自胚胎以迄成童，其身体之一二官支，先行长成，此外则全体虽粗具，然未能得其用也。故唐虞以前为胚胎时代，殷周之际为乳哺时代，由孔子而来至于今为童子时代，逐渐发达，而今乃始将入成童以上少年之界焉。其长成所以若是之迟者，则历代之民贼有窒其生机者也。譬犹童年多病，转类老态，或且疑其死期之将至焉，而不知皆由未完全未成立也。非过去之谓，而未来之谓也。

且我中国畴昔，岂尝有国家哉，不过有朝廷耳。我黄帝子孙，聚族而居，立于此地球之上者既数千年，而问其国之为何名，则无有也。夫所谓唐、虞、夏、商、周、秦、汉、魏、晋、宋、齐、梁、陈、隋、唐、宋、元、明、清者，则皆朝名耳。朝也者，一家之私产也；国也者，人民之公产也。朝有朝之老少，国有国之老少，朝与国既异物，则不能以朝之老少而指为国之老少明矣。文、武、成、康，周朝之少年时代也；幽、厉、桓、赧，则其老年时代也。高、文、景、武，汉朝之少年时代也；元、平、桓、灵，则其老年时代也。自余历朝，莫不有之，凡此者，谓为一朝廷之老也则可，谓为一国之老也则不可。一朝廷之老且死，犹一人之老且死也，于吾所谓中国者何与焉。然则，吾中国者，前此尚未出现于世界，而今乃始萌芽云尔。天地大矣，前途辽矣，美哉，我少年中国乎！

玛志尼者，意大利三杰之魁也。以国事被罪，逃窜异邦，乃创立一会，名曰少年意大利。举国志士，云涌雾集以应之，卒乃光复旧物，使意大利为欧洲之一雄邦。夫意大利者，欧洲第一之老大国也，自罗马亡后，土地隶于教皇，政权归于奥国，殆所谓老而濒于死者矣，而得一玛志尼，且能举全国而少年之，况我中国之实为少年时代者耶？堂堂四百余州之国土，凛凛四百余兆之国民，岂遂无一玛志尼其人者。

龚自珍氏之集有诗一章，题曰《能令公少年行》，吾尝爱读之，而有味乎其用意之所存。我国民而自谓其国之老大也，斯果老大矣；我国民而自知其国之少年也，斯乃少年矣。西谚有之曰："有三岁之翁，有百岁之童。"然则国之老少，又无定形，而实随国民之心力以为消长者也。吾见乎玛志尼之能令国少年也，吾又见乎我国之官吏士民能令国老大也，吾为此惧！夫以如此壮丽浓郁翩翩绝世之少年中国，而使欧西、日本人谓我为老大者何也？则以握国权者皆老朽之人也。非哦几十年八股，非写几十年白折，非当几十年差，非捱几十年俸，非递几十年手本，非唱几十年喏，非磕几十年头，非请几十年安，则必不能得一官，进一职。其内任卿贰以上，外任监司以上者，百人之中，其五官不备者，殆九十六七人也，非眼盲，则耳聋，非手颤，则足跛，否则半身不遂也。彼其一身饮食步履视听言语，尚且不能自了，须三四人在左右扶之捉之，乃能度日，于此而乃欲责之以国事，是何异立无数木偶而使之治天下也。且彼辈者，自其少壮之时，既已不知亚细、欧罗为何处地方，汉祖、唐宗是那朝皇帝；犹嫌其顽钝腐败之未臻其极，又必搓磨之，陶冶之，待其脑髓已涸，血管已塞，气息奄奄，与鬼为邻之时，然后将我二万里山河，四万万人命，一举而畀于其手。呜呼！老大帝国，诚哉其老大也。而彼辈者，积其数十年之八股、白折、当差、捱俸、手本、唱喏、磕头、请安，千辛万苦，千苦万辛，乃始得此红顶花翎之服色，中堂大人之名号，乃出其全副精神，竭其毕生力量，以保持之。如彼乞儿，拾金一锭，虽轰雷盘旋其顶上，而两手犹紧抱其荷包，他事非所顾也，非所知也，非所闻也。于此而告之以亡国也，瓜分也，彼乌从而听之，乌从而信之。即使果亡矣，果分矣，而吾今年既七十矣八十矣，但求其一两年内，洋人不来，强盗不起，我已快活过了一世矣。若不得已，则割三头两省之土地，奉申贺敬，以换我几个衙门；卖三几百万之人民作仆为奴，以赎我一条老命，有何不可，有何难办。呜呼！今之所谓老后、老臣、老将、老吏者，其修身、齐家、治国、平天下之手段，皆具于是矣。“西风一夜催人老，凋尽朱颜白尽头。”使走无常当医生，携催命符以祝寿，嗟乎痛哉！以此为国，是安得不老且死，且吾恐其未及岁而殇也。

梁启超曰：造成今日之老大中国者，则中国老朽之冤业也；制出将来之少年中国者，则中国少年之责任也。彼老朽者何足道，彼与此世界作别之日不远矣，而我少年乃新来而与世界为缘。如僦屋者然，彼明日将迁居地方，而我今日始入此室处。将迁居者，不爱护其窗栊，不洁治其庭庑，俗人恒情，亦何足怪。若我少年者，前程浩浩，后顾茫茫，中国而为牛、为马、为奴、为隶，则烹脔鞭棰之惨酷，惟我少年当之；中国如称霸宇内，主盟地球，则指挥顾盼之尊荣，惟我少年享之，于彼气息奄奄，与鬼为邻者，何与焉？彼而漠然置之，犹可言也；我而漠然置之，不可言也。使举国之少年而果为少年也，则吾中国为未来之国，其进步未可量也；使举国之少年而亦为老大也，则吾中国为过去之国，其澌亡可翘足而待也。故今日之责任，不在他人，而全在我少年。少年智则国智，少年富则国富，少年强则国强，少年独立则国独立，少年自由则国自由，少年进步则国进步，少年胜于欧洲则国胜于欧洲，少年雄于地球则国雄于地球。红日初升，其道大光；河出伏流，一泻汪洋。潜龙腾渊，鳞爪飞扬；乳虎啸谷，百兽震惶。鹰隼试翼，风尘吸张；奇花初胎，矞矞皇皇。干将发硎，有作其芒。天戴其苍，地履其黄。纵有千古，横有八荒。前途似海，来日方长。美哉我少年中国，与天不老；壮哉我中国少年，与国无疆！

“三十功名尘与土，八千里路云和月。莫等闲，白了少年头，空悲切。”此岳武穆《满江红》词句也，作者自六岁时即口受记忆，至今喜诵之不衰。自今以往，弃“哀时客”之名，更自名曰“少年中国之少年”。

作者附识。

人生观与科学

——对于张、丁论战的批评

（1923年5月29日）

（一）

张君劢在清华学校演说一篇《人生观》，惹起丁在君做了一篇《玄学与科学》和他宣战。我们最亲爱的两位老友，忽然在学界上变成对垒的两造。我不免也见猎心喜，要把我自己的意见写点出来助兴了。

当未写以前，要先声叙几句话：

第一，我不是加在那一造去“参战”，也不是想斡旋两造做“调人”，尤其不配充当“国际法庭的公断人”。我不过是一个观战的新闻记者，把所视察得来的战况随手批评一下便了。读者还须知道，我是对于科学、玄学都没有深造研究的人。我所批评的一点不敢自以为是。我两位老友以及其他参战人、观战人，把我的批评给我一个心折的反驳，我是最欢迎的。

第二，这回战争范围，已经蔓延得很大了，几乎令观战人应接不暇。我为便利起见，打算分项批评。做完这篇之后，打算还跟着做几篇：（一）科学的知识论与所谓“玄学鬼”。（二）科学教育与超科学教育。（三）论战者之态度……等等。但到底做几篇，要看我趣味何如，万一兴尽，也许不做了。

第三，听说有几位朋友都要参战，本来想等读完了各人大文之后再下总批评，但头一件，因技痒起来等不得了；第二件，再多看几篇，也许“崔颢题诗”叫我搁笔，不如随意见到那里说到那里。所以这一篇纯是对于张、丁两君头一次交绥的文章下批评，他们二次彼此答辩的话，只好留待下次。其余陆续参战的文章，我很盼早些出现，或者我也有继续批评的光荣，或者我要说的话被人说去，或者我未写出来的意见已经被人驳倒，那末，我只好不说了。

（二）

凡辩论先要把辩论对象的内容确定：先公认甲是什么乙是什么，才能说到甲和乙的关系何如。否则一定闹到“驴头不对马嘴”，当局的辩论没有结果，旁观的越发迷惑。我很可惜君劢这篇文章，不过在学校里随便讲演，未曾把“人生观”和“科学”给他一个定义。在君也不过拈起来就驳。究竟他们两位所谓“人生观”、所谓“科学”，是否同属一件东西，不惟我们观战人摸不清楚，只怕两边主将也未必能心心相印哩。我为替读者减除这种迷雾起见，拟先规定这两个名词的内容如下：

（一）人类从心界、物界两方面调和结合而成的生活，叫做“人生”。我们悬一种理想来完成这种生活，叫做“人生观”。（物界包含自己的肉体及己身以外的人类，乃至己身所属之社会等等。）

（二）根据经验的事实，分析综合，求出一个近真的公例，以推论同类事物，这种学问叫做“科学”。（应用科学改变出来的物质或建设出来的机关等等，只能谓之“科学的结果”，不能与“科学”本身并为一谈。）

我解释这两个名词的内容，不敢说一定对。假令拿以上所说做个标准，我的答案便如下：

“人生问题，有大部分是可以——而且必要用科学方法来解决的。却有一小部分——或者还是最重要的部分是超科学的。”

因此我对于君劢、在君的主张，觉得他们各有偏宕之处。今且先驳君劢。

君劢既未尝高谈“无生”，那么，无论尊重心界生活到若何程度，终不能说生活之为物，能够脱离物界而单独存在。既涉到物界，自然为环境上——时间空间——种种法则所支配，断不能如君劢说的那么单纯，专凭所谓“直觉的”“自由意志的”来片面决定。君劢列举“我对非我”之九项，他以为不能用科学方法解答者，依我看来什有八九倒是要用科学方法解答。他说：“忽君主忽民主，忽自由贸易忽保护贸易……等等，试问论理学公例何者能证其合不合乎？”其意以为这类问题既不能骤然下一个笼统普遍的断案，便算屏逐在科学范围以外。殊不知科学所推寻之公例乃是：（一）在某种条件之下，会发生某种现象。（二）欲变更某种现象，当用某种条件。笼统普遍的断案，无论其不能，即能，亦断非科学之所许。若仿照君劢的论调，也可以说："忽衣裘忽衣葛，忽附子玉桂忽大黄芒硝……试问论理学公例何者能证其合不合乎？"然则连衣服、饮食都无一定公例可以支配了，天下有这种理吗？殊不知科学之职务不在绝对的普遍的证明衣裘衣葛之孰为合孰为不合，他却能证明某种体气的人在某种温度之下非衣裘或衣葛不可。君劢所列举种种问题，正复如此。若离却事实的基础，劈地凭空说君主绝对好，民主绝对好，自由贸易绝对好，保护贸易绝对好……当然是不可能。却是在某种社会结合之下宜于君主，在某种社会结合之下宜于民主；在某种经济状态之下宜自由贸易，在某种经济状态之下宜保护贸易……那么，论理上的说明自然是可能，而且要绝对的尊重。君劢于意云何？难道能并此而不承认吗？总之，凡属于物界生活之诸条件，都是有对待的，有对待的自然一部或全部应为"物的法则"之所支配。我们对于这一类生活，总应该根据"当时此地"之事实，用极严密的科学方法，求出一种"比较合理"的生活。这是可能而且必要的。就这点论，在君说"人生观不能和科学分家"，我认为含有一部分真理。

君劢尊直觉，尊自由意志，我原是赞成的，可惜他应用的范围太广泛而且有错误。他说："……常有所观察也、主张也、希望也、要求也，是之谓人生观。甲时之所以为善者，至乙时则又以为不善而求所以革之；乙时之所以为善者，至丙时又以为不善而求所以革之……”君劢所用“直觉”这个字，到底是怎样的内容，我还没有十分清楚。照字面看来，总应该是超器官的一种作用。若我猜得不错，那么，他说的“有所观察而甲乙丙时或以为善，或以为不善”，便纯然不是直觉的范围。为什么“甲时以为善，乙时以为不善”？因为“常有所观察”；因观察而以为不善，跟着生出主张、希望、要求。不观察便罢，观察离得了科学程序吗？“以为善不善”，正是理智产生之结果。一涉理智，当然不能逃科学的支配。若说到自由意志吗？他的适用，当然该有限制。我承认人类所以贵于万物者在有自由意志；又承认人类社会所以日进，全靠他们的自由意志。但自由意志之所以可贵，全在其能选择于善不善之间而自己作主以决从违。所以自由意志是要与理智相辅的。若像君劢全抹杀客观以谈自由意志，这种盲目的自由，恐怕没有什么价值了。（君劢清华讲演所列举人生观五项特征，第一项说人生观为主观的，以与客观的科学对立，这话毛病很大。我以为人生观最少也要主观和客观结合才能成立。）

然则我全部赞成在君的主张吗？又不然。在君过信科学万能，正和君劢之轻蔑科学同一错误。在君那篇文章，很像专制宗教家口吻，殊非科学者态度，这是我最替在君可惜的地方，但亦无须一一指摘了。在君说：“我们有求人生观统一的义务。”又说：“用科学方法求出是非真伪，将来也许可以把人生观统一。”（他把医学的进步来做比喻。）我说，人生观的统一，非惟不可能，而且不必要；非惟不必要，而且有害。要把人生观统一，结果岂不是“别黑白而定一尊”，不许异己者跳梁反侧？除非中世的基督教徒才有这种谬见，似乎不应该出于科学家之口。至于用科学来统一人生观，我更不相信有这回事。别的且不说，在君说：“世界上的玄学家一天没有死完，自然一天人生观不能统一。”我倒要问：万能的科学，有没有方法令世界上的玄学家死完？如其不能，即此已可见科学功能是该有限制了。闲话少叙，请归正文。

人类生活，固然离不了理智；但不能说理智包括尽人类生活的全内容。此外还有极重要一部分——或者可以说是生活的原动力，就是“情感”。情感表出来的方向很多，内中最少有两件的的确确带有神秘性的，就是“爱”和“美”。“科学帝国”的版图和威权无论扩大到什么程度，这位“爱先生”和那位“美先生”依然永远保持他们那种“上不臣天子，下不友诸侯”的身分。请你科学家把“美”来分析研究罢，什么线，什么光，什么韵，什么调……任凭你说得如何文理密察，可有一点儿搔着痒处吗？至于“爱”那更“玄之又玄”了。假令有两位青年男女相约为“科学的恋爱”，岂不令人喷饭？又何止两性之爱呢？父子、朋友……间至性，其中不可思议者何限？孝子割股疗亲，稍有常识的也该知道是无益。但他情急起来，完全计较不到这些。程婴、杵臼，代人抚孤，抚成了还要死。田横岛上五百人，死得半个也不剩。这等举动，若用理智解剖起来，都是很不合理的，却不能不说是极优美的人生观之一种。推而上之，孔席不暖，墨突不黔，释迦割臂饲鹰，基督钉十字架替人赎罪，他们对于一切众生之爱，正与恋人之对于所欢同一性质。我们想用什么经验、什么轨范去测算他的所以然之故，真是痴人说梦。又如随便一个人对于所信仰的宗教，对于所崇拜的人或主义，那种狂热情绪，旁观人看来，多半是不可解而且不可以理喻的。然而一部人类活历史，却什有九从这种神秘中创造出来。从这方面说，却用得着君劢所谓主观、所谓直觉、所谓综合而不可分析……等等话头。想用科学方法去支配他，无论不可能，即能，也把人生弄成死的，没有价值了。

我把我极粗浅、极凡庸的意见总括起来，是：“人生关涉理智方面的事项，绝对要用科学方法来解决；关涉情感方面的事项，绝对的超科学。”

我以为君劢和在君所说，都能各明一义。可惜排斥别方面太过，都弄出语病来。我还信他们不过是“语病”，他们本来的见解，也许和我没有什么大分别哩。

以上批评“人生观与科学”的话，暂此为止。改天还想讨论别的问题。

十二年五月廿三日在翠微山秘魔岩作。

为学与做人

——在苏州学生联合会的公开演讲

（1922 年 12 月 27 日）

诸君！我在南京讲学将近三个月了。这边苏州学界里头，有好几回写信邀我，可惜我在南京是天天有功课的，不能分身前来。今天到这里，能够和全城各校诸君聚在一堂，令我感激得很。但有一件，还要请诸君原谅：因为我一个月以来，都带着些病，勉强支持，今天不能作很长的讲演，恐怕有负诸君期望哩。

问诸君："为甚么进学校？"我想人人都会众口一辞的答道："为的是求学问。"再问："你为什么要求学问？你想学些什么？"恐怕各人的答案就很不相同，或者竟自答不出来了。诸君啊！我请替你们总答一句罢："为的是学做人。"你在学校里头学的什么数学、几何、物理、化学、生理、心理、历史、地理、国文、英语，乃至什么哲学、文学、科学、政治、法律、经济、教育、农业、工业、商业等等，不过是做人所需要的一种手段，不能说专靠这些便达到做人的目的。任凭你把这些件件学得精通，你能够成个人不能成个人，还是别问题。

人类心理，有知、情、意三部分，这三部分圆满发达的状态，我们先哲名之为三达德——智、仁、勇。为什么叫做“达德”呢？因为这三件事是人类普通道德的标准，总要三件具备才能成一个人。三件的完成状态怎么样呢？孔子说：“知者不惑，仁者不忧，勇者不惧。”所以教育应分为知育、情育、意育三方面。——现在讲的智育、德育、体育，不对。德育范围太笼统，体育范围太狭隘。——知育要教到人不惑，情育要教到人不忧，意育要教到人不惧。教育家教学生，应该以这三件为究竟；我们自动的自己教育自己，也应该以这三件为究竟。

怎么样才能不惑呢？最要紧是养成我们的判断力。想要养成判断力：第一步，最少须有相当的常识；进一步，对于自己要做的事须有专门智识；再进一步，还要有遇事能断的智慧。假如一个人连常识都没有，听见打雷，说是雷公发威；看见月蚀，说是虾蟆贪嘴。那么，一定闹到什么事都没有主意，碰着一点疑难问题，就靠求神问卜、看相算命去解决。真所谓“大惑不解”，成了最可怜的人了。学校里小学、中学所教，就是要人有了许多基本的常识，免得凡事都暗中摸索，但仅仅有这点常识还不够。我们做人，总要各有一件专门职业。这门职业，也并不是我一人破天荒去做，从前已经许多人做过。他们积了无数经验，发见出好些原理、原则，这就是专门学识。我打算做这项职业，就应该有这项专门学识。例如我想做农吗：怎样的改良土壤，怎样的改良种子，怎样的防御水旱病虫……等等，都是前人经验有得成为学识的。我们有了这种学识，应用他来处置这些事，自然会不惑；反是则惑了。做工、做商……等等都各各有他的专门学识，也是如此。我想做财政家吗：何种租税可以生出何样结果，何种公债可以生出何样结果……等等，都是前人经验有得成为学识的。我们有了这种学识，应用他来处置这些事，自然会不惑，反是则惑了。教育家、军事家……等等都各各有他的专门学识，也是如此。我们在高等以上学校所求的智识，就是这一类。但专靠这种常识和学识就够吗？还不能。宇宙和人生是活的不是呆的，我们每日所碰见的事理是复杂的、变化的，不是单纯的、印板的。倘若我们只是学过这一件才懂这一件，那么，碰着一件没有学过的事来到跟前，便手忙脚乱了。所以还要养成总体的智慧才能得有根本的判断力。这种总体的智慧如何才能养成呢？第一件：要把我们向来粗浮的脑筋，着实磨练他，叫他变成细密而且踏实。那么，无论遇着如何繁难的事，我都可以彻头彻尾想清楚他的条理，自然不至于惑了。第二件：要把我们向来昏浊的脑筋，着实将养他，叫他变成清明。那么，一件事理到跟前，我才能很从容很莹澈的去判断他，自然不至于惑了。以上所说常识、学识和总体的智慧，都是智育的要件，目的是教人做到知者不惑。

怎么样才能不忧呢？为什么仁者便会不忧呢？想明白这个道理，先要知道中国先哲的人生观是怎么样。“仁”之一字，儒家人生观的全体大用都包在里头。“仁”到底是什么？很难用言语说明，勉强下个解释，可以说是：“普遍人格之实现。”孔子说“仁者人也”，意思说是人格完成就叫做“仁”。但我们要知道：人格不是单独一个人可以表见的，要从人和人的关系上看出来。所以“仁”字从二人，郑康成解他做“相人偶”。总而言之，要彼我交感互发，成为一体，然后我的人格才能实现。所以我们若不讲人格主义，那便无话可说，讲到这个主义，当然归宿到普遍人格。换句话说：宇宙即是人生，人生即是宇宙，我的人格和宇宙无二无别。体验得这个道理，就叫做“仁者”。然则这种仁者为甚么就会不忧呢？大凡忧之所从来，不外两端：一曰忧成败，二曰忧得失。我们得着“仁”的人生观，就不会忧成败。为什么呢？因为我们知道宇宙和人生是永远不会圆满的，所以《易经》六十四卦，始“乾”，而终“未济”。正为在这永远不圆满的宇宙中，才永远容得我们创造进化。我们所做的事，不过在宇宙进化几万万里的长途中，往前挪一寸两寸，那里配说成功呢？然则不做怎么样呢？不做便连这一寸两寸都不往前挪，那可真真失败了。“仁者”看透这种道理，信得过只有不做事才算失败，凡做事便不会失败。所以《易经》说：“君子以自强不息。”换一方面来看：他们又信得过凡事不会成功的，几万万里路挪了一两寸，算成功吗？所以《论语》说：“知其不可而为之。”你想，有这种人生观的人，还有什么成败可忧呢？再者：我们得着“仁”的人生观，便不会忧得失。为什么呢？因为认定这件东西是我的，才有得失之可言。连人格都不是单独存在，不能明确的画出这一部分是我的，那一部分是人家的，然则那里有东西可以为我所得？既已没有东西为我所得，当然也没有东西为我所失。我只是为学问而学问，为劳动而劳动，并不是拿学问、劳动等等做手段来达某种目的——可以为我们“所得”的。所以老子说：“生而不有，为而不恃。”“既以为人己愈有，既以与人己愈多。”你想，有这种人生观的人，还有什么得失可忧呢？总而言之，有了这种人生观，自然会觉得“天地与我并生，而万物与我为一”，自然会“无入而不自得”，他的生活，纯然是趣味化、艺术化。这是最高的情感教育，目的教人做到仁者不忧。

怎么样才能不惧呢？有了不惑、不忧的工夫，惧当然会减少许多了。但这是属于意志方面的事，一个人若是意志力薄弱，便有很丰富的智识，临时也会用不着；便有很优美的情操，临时也会变了卦。然则意志怎么才会坚强呢？头一件须要心地光明。孟子说：“浩然之气，至大至刚。行有不慊于心，则馁矣。”又说：“自反而不缩，虽褐宽博，吾不惴焉；自反而缩，虽千万人吾往矣。”俗语说得好：“生平不作亏心事，夜半敲门也不惊。”一个人要保持勇气，须要从一切行为可以公开做起，这是第一著。第二件要不为劣等欲望之所牵制。《论语》记：“子曰：‘吾未见刚者。’或对曰：‘申枨。’子曰：‘枨也欲，焉得刚？’”一被物质上无聊的嗜欲东拉西扯，那么，百炼钢也会变为绕指柔了。总之一个人的意志，由刚强变为薄弱极易，由薄弱返到刚强极难。一个人有了意志薄弱的毛病，这个人可就完了。自己作不起自己的主，还有什么事可做？受别人压制，做别人奴隶，自己只要肯奋斗，终须能恢复自由。自己的意志做了自己情欲的奴隶，那么，真是万劫沉沦，永无恢复自由的余地，终身畏首畏尾，成了个可怜人了。孔子说："和而不流，强哉矫；中立而不倚，强哉矫；国有道，不变塞焉，强哉矫；国无道，至死不变，强哉矫。"我老实告诉诸君说罢：做人不做到如此，决不会成一个人。但做到如此真是不容易，非时时刻刻做磨练意志的工夫不可。意志磨练得到家，自然是看着自己应做的事，一点不迟疑，扛起来便做，"虽千万人吾往矣"。这样才算顶天立地做一世人，绝不会有藏头躲尾、左支右绌的丑态。这便是意育的目的，要教人做到勇者不惧。

我们拿这三件事作做人的标准，请诸君想想，我自己现时做到那一件——那一件稍为有一点把握。倘若连一件都不能做到，连一点把握都没有，嗳哟！那可真危险了，你将来做人恐怕就做不成。讲到学校里的教育吗：第二层的情育、第三层的意育，可以说完全没有；剩下的只有第一层的知育。就算知育罢：又只有所谓常识和学识，至于我所讲的总体智慧靠来养成根本判断力的，却是一点儿也没有。这种"贩卖智识杂货店"的教育，把他前途想下去，真令人不寒而栗。现在这种教育，一时又改革不来，我们可爱的青年，除了他更没有可以受教育的地方。诸君啊！你到底还要做人不要？你要知道危险呀！非你自己抖擞精神想方法自救，没有人能救你呀！

诸君啊！你千万别要以为得些断片的智识，就算是有学问呀。我老实不客气告诉你罢：你如果做成一个人，智识自然是越多越好；你如果做不成一个人，智识却是越多越坏。

你不信吗？试想想全国人所唾骂的卖国贼某人某人，是有智识的呀，还是没有智识的呢？试想想全国人所痛恨的官僚政客——专门助军阀作恶、鱼肉良民的人，是有智识的呀，还是没有智识的呢？诸君须知道啊，这些人当十几年前在学校的时代，意气横厉，天真烂漫，何尝不和诸君一样？为什么就会堕落到这样田地呀？

屈原说的："何昔日之芳草兮，今直为此萧艾也！岂其有他故兮，莫好修之害也。"天下最伤心的事，莫过于看着一群好好的青年，一步一步的往坏路上走。诸君猛醒啊！现在你所厌所恨的人，就是你前车之鉴了。

诸君啊！你现在怀疑吗？沉闷吗？悲哀痛苦吗？觉得外边的压迫你不能抵抗吗？我告诉你：你怀疑和沉闷，便是你因不知才会惑；你悲哀痛苦，便是你因不仁才会忧；你觉得你不能抵抗外界的压迫，便是你因不勇才有惧。这都是你的知、情、意未经过修养磨练，所以还未成个人。我盼望你有痛切的自觉啊！有了自觉，自然会自动。那么，学校之外，当然有许多学问，读一卷经，翻一部史，到处都可以发见诸君的良师呀！

诸君啊！醒醒罢！养足你的根本智慧，体验出你的人格、人生观，保护好你的自由意志，你成人不成人，就看这几年哩！

意志之磨炼

其一

人生最要紧的是意志，不论大小事业，都是从坚强意志产生出来。意志薄弱的人，什有九是一事无成；便偶然有成，也不过侥幸[1]。为甚么呢？因为意志是行为的主宰，我们一切大小行为，无非奉着意志的号令去干。意志一有退屈，一有变更，那行为自然中止。行为中止，不是从前所行的都变了白行吗？然而无论干大事小事，总不能一帆风顺的到底，中间总不免有些波折。没志气的人碰着波折，便嗒然若丧的掉转头来，好像行船遇着逆风便转柁[2]回头，那得有日子达到彼岸！又大凡做一件事，做久了总不免有些厌倦，没志气的人随着自己性子，厌了就把他搁下，好像掘井掘了几丈还未见水，讨厌他便停工了，岂不是依然得一个废井！若是意志坚强的人，除非不打定主意做一件事便罢，主意打定，他

[1] 幸：原为“倖”，据文意修改。

[2] 柁：原为“柁”，据文意修改。

便百折不回，一定要贯彻到底。并非他的才能比别人高强，并非他的机会比人便利，不过中间有几个关头，别人挨不过的，他却挨过去，便是他成功独一无二的秘诀。这个我叫他做意志的威力。

意志的威力既然恁么大，这是我们身上第一件宝贝，自不消说了。但是这件宝贝，并非这个人生来便有，那个人生来便无；这个人生来便强，那个人生来便弱。孟子说得好："苟得其养，无物不长；苟失其养，无物不消。"我们意志作用，也是和别的生理作用、心理作用一样，会修养他，他便变成坚强，不修养他，他便变成薄弱。所以，我中国圣经贤传以及宋明诸儒语录，教人立志的话不知多少；外国教育家从前立德育、智育、体育三个纲领，近来却加上一个意育，拿来做那三育的根本，可见修养意志这件事，中外哲人都是一般的看重了。但是，意志的修养和别的修养有不同，别的事都可以靠别人多少帮点忙，意志却完完全全靠自己发动。别的学问都可以从书本里、讲堂里、操场里学得出来，意志却要从事实上阅历。若是没有这番阅历，那学堂里的修身讲义，书箱里的宋明儒学案，任从你背得烂熟，事到头来，却一点受用处也没有。质而言之，意志这件东西好像钢铁一般，非经过锤炼，不能成就：越发锤炼，越发坚强。所以我这回标题，不用修养两个字，却用磨炼两个字，就是为此。

然则意志怎生个磨炼法呢？美国心理学大家占士博士，算是近世提倡意育第一个人，他说是："意育的教授，我料只有一件，名叫做'困难'。若要磨炼意志，总要每日碰着困难的事才得。”这两句话，现今教育家都奉为名言，其实我国先哲孟子已经讲得十分透辟。孟子说道：“人之有德慧术知者，恒存乎疢疾。独孤臣孽子，其操心也危，其虑患也深，故达。”又说道：“天之将降大任于斯人也，必先苦其心志，劳其筋骨，饿其体肤，空乏其身，行拂乱其所为，所以动心忍性，增益其所不能。”这些话怎么讲呢？无非借着外界种种困难，将自己[1]的意志千锤百炼，练成一种不折不挠的作用。咄咄！我们好青年听啊！你家里穷吗？你家庭难处吗？你早年碰着不幸的事吗？你近来的境遇样样失意吗？你身子单薄吗？你资质愚钝吗？你莫怨恨，你莫恐慌，你莫忧愁。这是别人要想也想不到手的一种磨炼意志绝好资料，你居然碰着了，也是你前世根基深厚，承天帝特别眷爱，得这种好机会，来作成你一辈子的人格。我刚才不是说的，成功秘诀，只靠着挨得过几个难关吗？须要知道，挨难关可不是顽耍的事。若从前一向没有经过难关的人，到入世做事的时候，一碰碰着，挨他不过，这个人可就算一辈子完了。不是多年来练出一种挨[2]难关的本领，到临时那里有许多侥幸？我们好青年听啊！现在好容易有这种种小难关摆在眼前，你只要来一回，挨一回，挨过一关，你的意志便坚强一度。将来你出来担当事业，便有天大的难关，你也见惯不惊，行所无事了。你莫当作我这话是无聊慰藉的话，其实做人的方法本来就是

[1] 己：原缺，据文意补充 。

[2] 挨：原为“困”，据文意修改。

如此，请你切勿将这种好机缘错过罢。

倒是那些富贵人家的少爷小姐们，我却真替他担心不小。为甚的呢？因为他没有了磨炼意志的机会。既然没有机会来磨炼，久而久之，那意志自然会麻木了。生下来丰衣足食，父母钟爱，或者更有点小小聪明，人人见了恭维，要想什么，便得什么，从出世到了成年，就不懂这困难两个字怎的写法，还讲什么拿自己意志去和困难奋斗呢？却要知道，“困难”这件东西，倒也不甚势利，他并不是怕富贵欺贫穷，凭你是金镶玉里的人，他少不免也常要登门拜访你一二次。他不来便罢，来了非和他拼个你死我活，就挡不了他的大驾。到那时，保标的就靠着这个意志。这个意志平日既是娇娇怯怯的和闺女一般，临时还中甚么用，除了降伏在这位“困难”老爷的脚底下，恐怕更无别法，你这个人可不是一辈子算完了吗？所以孟子说：“生于忧患，而死于安乐。”宋儒也说：“少年得志大不幸。”这并不是拿话来吓你，其实照道理讲，本是如此哩！

然则这些不幸的人怎么好呢？咄咄！我们好青年听啊！你也别要害怕，我教你一个法儿，你可以从没有机会中造出机会，你可以从没有资料中造出资料。你说这位“困难”老爷总不肯来枉顾你吗？你就何妨找着他碰上去，拿你的意志和他挑战？怎么找法呢？怎么碰法呢？譬如你在学堂的功课，觉得数学最困难，觉得外国地理最讨厌，你便拿出你的意志来和他拼一拼，非弄到不困难，不讨厌，誓不干休。譬如你最怕的是那冷水洗澡，你便又拿你的意志和他拼一拼，从夏秋间洗起，到大雪冰冻时还是那样，看这冷水还奈你的皮肤何，看这皮肤还奈你的意志何？这种不就是磨炼意志的绝好方法吗？我不过随便举两件，你若晓得这个方法，喜欢用这个方法，那就眼面前无论那一件事，都可以扯来做磨炼意志的资料。我的好青年啊！磨炼去！赶紧磨炼去！别要等到将来急时抱佛脚，可就来不及了。

其二

前回讲磨炼意志的方法，莫妙于找些困难事情碰上去，拿自己的意志和他奋斗，这个方法并不是我杜撰，中外古今，几多圣贤豪杰，那一个不是由这种方法成就起来！即如佛世尊，苦行六年，在深山旷野中树林底下歇宿，穿坟墓上死人遗下的衣服，乃至每日吃几粒豆子、几粒芝麻来维系着这条性命，难道说人生的衣、食、住三件事，必须如此才合于道德吗？难道要这样矜奇立异，骇吓流俗吗？不过因为要成就天下第一等伟大事业，必须具有天下第一等坚强意志；要成就天下第一等坚强意志，必须打胜天下第一等困难境遇。佛世尊生为王子，多福多乐，从那里得有困难境遇来？所以他要舍家入山，自己去找那人生不堪的境遇来历练自己，能行人所不能行，能舍人所不能舍，能忍人所不能忍，务要把自己四肢百体，七情六欲，一切制伏，叫他在这尊严凛烈的一个意志底下帖耳受命。所有种种善行，无非拿出意志的威力和外界决斗，斗胜一回，意志便加强一度。好像打铁的，将这块铁丢在火里，烧到通红，拿出来锤他几十锤，丢在水里，泡到冰冷，又拿出来锤他几十锤。要想成就一种金刚不坏性，自然是不得不如此呀！乃至孔子讲的“克己复礼”，老子讲的“自胜者强”，孟子讲的“动心忍性”，都是同一作用。归根结底，不过是要自己的意志当得起自己的家，作得起自己的主。至于怎么样才能做到，尽可以由各人自择手段，不必拘于一格哩。

要磨炼意志，最好是择些细微事件来自己检束自己。譬如吃水烟或吃纸烟，虽然是无益，却无十分大害，本来就听他要吃便吃，也不妨事。要磨炼意志的人，却可以拿他做个操炼场。不打主意戒便罢，既打主意，一戒就要戒到底。这些事别要看轻他，这是试验意志强弱最严最准的一个寒暑表，也是自己扶植自己意志的一个最妙法门。因为大事件不容易碰着一回，碰着了，自然会注意提点拿来做修养意志的资料，没有多大效力。（譬如我立定主意不杀人，不骗人钱，这杀人骗钱的动机就不容易有，或者一辈子碰不着，或者几年碰不着。若有了这种动机，我自然能注意，要制止他也比较的容易。）独有这些小事，如吃烟等类，吃惯了的人，一日之间，想吃烟的动机可以起到几百次，自己又觉得他无关轻重，虽然也曾立意要戒，不知不觉就放松了。殊不知，这便是意志薄弱一种绝大证验。放松一回，便是意志打一回败仗。若是一日内几百次想吃，几百次偏不许吃，这意志便算打了几百回胜仗，安得不强？我们试读一读曾文正的日记，看他讲他戒烟的辛苦成功，可以知道他后来在靖港、在湖口、在祁门，千灾万难，百折不回，都不过是少年戒烟时磨炼出来的意志作用。我说要找一两件细微事入手用功，这就是[1]个先例。明白这种道理，也就可以知道，佛教为甚么立许多极繁琐的戒律，儒教为甚么立许多极繁琐的礼仪，都不过叫人磨炼意志的一种手段。所以佛世尊说的“制心一处，无事不办”，孔子说的“以礼制心”“庄敬日强”“肌肤之会，筋骸之束”，并非说戒律、礼仪便是道德标准。因为意志是道德的根本，戒律、礼仪都是修养意志的一种方便。我们若能心知其意，也会自己找[2]出方便来了。

磨炼意志的好方法，一面是刚才所说，拣一两件细微习惯，拿起坚强意志去矫正他，一面最好是拣一两件无关紧要的事件，拿起坚强意志来，日日有一定的规律去做他。晋朝名臣陶侃拿一百块砖头，日日早上亲自搬出去摆在院子，晚上亲自搬回屋里头；英国名相格兰斯顿每日午饭后，一定要劈一点钟的柴；曾文正在军中，每日定要下一盘棋；李文忠定要临一百个字的《圣教序》，这都是甚么意思呢？那陶氏、格氏人人都[3]说他是运动筋骨，要身体强壮。但是运动的方法很多，何妨日日随意替换着操练，为甚么限定要做搬砖劈柴这种干燥无味的事？那曾文正难道是要做下棋国手，那李文忠难道要做书法名家，为甚么百忙中才不肯抛下这两件

[1] 是：原为“事”，据文意修改。

[2] 找：原为“我”，据文意修改。

[3] 都：原为“督”，据文意修改。

呢？须知他要操练的并不是身体，并不是技术，全是要借来操练他的意志。须知自己立一种规律拘束自己，自己便恪恭遵守他，一点不含糊，非有极坚强意志的人，断断办不来。拈一件干燥无味的事，日日有一定时刻去做，不许生厌，养成这种德性，比甚么事都难。古人说的“十年如一日”，若有人能于日常不关要紧的事任举一件，真个十年如一日的做去，我说这个人意志的力量，就比泰山还坚，比雷霆还大，拿出来做事，还有甚么做不成呢？

诸君见谅，说来实在惭愧，我说的方法，我是一件没曾办到，我所以不能够成个圣贤豪杰，就是为此。但孔子说的，“不以人废言”，我虽是自己没有办到，我的方法却自信是不错，而且都是前人讲过的，我不过撮起来重述一遍。盼望有志之士采用实行，小子就不胜荣幸了。

救济精神饥荒的方法[1]

——东南大学课毕告别辞

（1923年1月23日）

诸君，我在这边讲学半年，大家朝夕在一块儿相处，我很觉得快乐。并且因为我任有一定的功课，也催逼着我把这部十万余言的《先秦政治思想史》著成，不然，恐怕要等到十年或十余年之后。中间不幸身体染有小病，即今还未十分复原，我常常恐怕不能完课，如今幸得讲完了。这半年以来，听讲的诸君，无论是正式选课或是旁听，都是始终不曾旷课，可以证明诸君对于我所讲有十分兴味。今当分别，彼此实在很觉得依恋难舍，因为我们这半年来，彼此人格上的交感不少。最可惜者，因为时间短促，以致仅有片面的讲授，没有相互的讨论，所谓教学相长，未能如愿做到。今天为这回最末的一次讲演，当作与诸君告别之辞。

诸君千万不要误解，说梁某人是到这边来贩卖知识，我自计知识之能贡献于诸君者实少。知识之为物，实在是无量

[1] 标题为本书编者所加。

的广漠，谁也不能说他能给谁以绝对不易的知识，顶多亦只承认他有相对的价值。即如讲奈端罢，从前总算是众口同词的认为可靠，但是现在，安斯坦又几乎完全将他推倒。专门的知识尚且如此，何况像我这种泛滥杂博的人并没有一种专门名家的学问呢？所以切盼诸君，不要说我有一艺之长，讲的话便句句可靠，最多，我想，亦只叫诸君知道我自己做学问的方法。譬如诸君看书，平素或多忽略不经意的地方，必要寻着这个做学问的方法，乃能事半功倍。真正做学问，乃是找着方法去自求，不是仅看人家研究所得的结果。因为人家研究所得的结果，终是人家的，况且所得的也未必都对。讲到此处，我有一个笑话告诉诸君，记得某一本小说里说："吕纯阳下山觅人传道，又不晓得谁是可传，他就设法来试验。有一次，在某地方遇着一个人，吕纯阳登时将手一指，点石成金，就问那个人要否。那人只摇着头，说不要。吕纯阳再点一块大的试他，那人仍是不为所动。吕纯阳心里便十分欢喜，以为道有可传的人了。但是还恐怕靠不住，再以更大的金块试他，那人果然仍是不要。吕纯阳便问他不要的原因，满心承望他答复一个热心向道，那晓得那人不然，他说：'我不要你点成了的金块，我是要你那点金的指头，盖有了这只指头，便可以自由点用。'"这虽是个笑话，但却很有意思，所以很盼诸君，要得着这个点石成金的指头——做学的方法——那么，以后才可以自由探讨，并可以辩正师传的是否。教拳术的教师最少要希望徒弟能与他对敌，学者亦当悬此为鹄，最好是要青出于蓝而胜于蓝。若仅仅是看前人研究所得，而不自行探讨，那么，得一便不能知其二，且取法乎上，得仅在中。这样，学术岂不是要一天退化一天吗？人类知识进步，乃是要后人超过前人。后人应用前人的治学方法，而复从旧方法中开发出新方法来，方法一天一天的增多，便一天一天的改善，拿着改善的新方法去治学，自然会优于前代。我个人的治学方法或可以说是不错，我自己应用来也有些成效。可惜这次全部书中所说的，仍为知识的居多，还未谈做学的方法。倘若诸君细心去看，也可以寻找得出来，既经找出，再循着这方法做去，或者更能发现我的错误，或是来批评我，那就是我最欢喜的。

我今天演讲，不是关于知识方面的问题。诚然，知识在人生地位上也是非常紧要，我从来并未将他看轻。不过，若是偏重知识，而轻忽其他人生重要之部，也是不行的。现在中国的学校，简直可说是贩卖知识的杂货店，文、哲、工、商，各有经理一般，来求学的，也完全以顾客自命。固然欧美也同坐此病，不过病的深浅略有不同。我以为长此以往，一定会发生不好的现象。中国现今政治上的窳败，何尝不是前二十年教育不良的结果？盖二十年前的教育，全采用日德的军队式，并且仅能袭取皮毛，以至造成今日一般无自动能力的人。现在哩，教育是完全换了路了，美国式代日式、德式而兴，不出数年，我敢说是全部要变成美国化，或许我们这里——东南大学——就是推行美化的大本营。美国式的教育，诚然是比德国式、日本式的好，但是毛病还很多，不是我们理想之鹄。英人罗素回国后，颇艳称中国的文化，发表的文字很多，他非常盼望我们这占全人类四分之一的特殊民族，不要变成了美国的“丑化”。这一点可说是他看得很清楚。美国人切实敏捷，诚然是他们的长处，但是中国人即使全部将他移植过来，使纯粹变成了一个东方的美国，漫讲没有这种可能，即能，我不知道诸君怎样，我是不愿的。因为倘若果然如此，那真是罗素所说的，把这有特质的民族变成了丑化了。我们看得很清楚，今后的世界决非美国式的教育所能域领，现在多数美国的青年，而且是好的青年，所作何事？不过是一生到死，急急忙忙的，不任一件事放过：忙进学校、忙上课、忙考试、忙升学、忙毕业、忙得文凭、忙谋事、忙花钱、忙快乐、忙恋爱、忙结婚、忙养儿女，还有最后一忙——忙死。他们的少数学者，如詹姆士之流，固然总想为他们别开生面，但是大部分已经是积重难返。像在这种人生观底下过活，那么，千千万万人，前脚接后脚的来这世界上走一趟，住几十年，干些什么哩？唯一无二的目的，岂不是来做消耗面包的机器吗？或是怕那宇宙间的物质运动的大轮子，缺了发动力，特自来供给他燃料？果真这样，人生还有一毫意味吗？人类还有一毫价值吗？现在全世界的青年，都因此无限的凄惶失望，知识愈多，沉闷愈苦，中国的青年，尤为利害。因为政治社会不安宁，家国之累，较他人为极，环顾宇内，精神无可寄托。从前西人唯一维系内心之具，厥为基督教，但是科学昌明后，第一个致命伤便是宗教。从前在苦无可诉的时候，还得远远望着冥冥的天堂。现在呢，知道了，人类不是什么上帝创造，天堂更渺不可凭，这种宗教的麻醉剂，已是无法存在。讲到哲学吗？西方的哲人，素来只是高谈玄妙，不得真际，所足恃为人类安身立命之具，也是没有。再如讲到文学吗？似乎应该少可慰藉，但是欧美现代的文学，完全是刺激品，不过叫人稍醒麻木。但一切耳目口鼻所接，都足陷人于疲敝，刺激一次，疲麻的程度又增加一次，如吃辣椒然，浸假而使舌端麻木到极点，势非取用极辣的胡椒来刺激不可。这种刺激的功用，简直如有烟癖的人，把鸦片或吗啡提精神一般，虽精神或可暂时振起，但是这种精神，不是鸦片和吗啡带得来的，是预支将来的精神，所以说一次预支，一回减少，一番刺激，一度疲麻。现在他们的文学，只有短篇的最合胃口，小诗两句或三句，戏剧要独幕的好，至于荷马、但丁、屈原、宋玉，那种长篇的作品，可说是不曾理会。因为他们碌碌于舟车中，时间来不及，目的只不过取那种片时的刺激，大大小小，都陷于这种病的状态中。所以他们一般有先见的人，都在遑遑求所以疗治之法。我们把这看了，那么，虽说我们在学校应求西学，而取舍自当有择，若是不问好歹，必无条件的移植过来，岂非人家饮鸩，你也随着服毒，可怜可笑孰甚？

近来国中青年界很习闻的一句话，就是“智识饥荒”，却不晓得还有一个顶要紧的“精神饥荒”在那边。中国这种饥荒，都闹到极点，但是只要我们知道饥荒所在，自可想方法来补救。现在精神饥荒闹到如此，而人多不自知，岂非危险？一般教导者也不注意在这方面提倡，只天天设法怎样将知识去装青年的脑袋子，不知道精神生活完全而后多的知识才是有用。苟无精神生活的人，为社会计，为个人计，都是知识少装一点为好。因为无精神生活的人，知识愈多，痛苦愈甚，作歹事的本领也增多。例如黄包车夫，知识粗浅，他决没有有知识的青年这样的烦闷，并且作恶的机会也很少；大奸慝的卖国贼，都是智识阶级的人做的。由此可见，没有精神生活的人，有知识实在危险。盖人苟无安身立命之具，生活便无所指归，生理、心理并呈病态。试略分别言之：就生理言，阳刚者必至发狂自杀，阴柔者自必委靡沉疾。再就心理言，阳刚者便悍然无顾，充分的恣求物质上的享乐，然而欲望与物质的增加率，相竞腾升，故虽妻妾宫室之奉，仍不觉得快乐；阴柔者便日趋消极，成了一个竞争场上落伍的人，凄惶失望，更为痛苦。故谓精神生活不全，为社会，为个人，都是知识少点的为好。因此我可以说为学的首要，是救精神饥荒。

救济精神饥荒的方法，我认为东方的——中国与印度——比较最好。东方的学问，以精神为出发点；西方的学问，以物质为出发点。救知识饥荒，在西方找材料；救精神饥荒，在东方找材料。东方的人生观，无论中国、印度，皆认物质生活为第二位，第一就是精神生活。物质生活仅视为补助精神生活的一种工具，求能保持肉体生存为已足，最要在求精神生活的绝对自由。精神生活，贵能对物质界宣告独立，至少要不受其牵掣。如吃珍味，全是献媚于舌，并非精神上的需要，劳苦许久，仅为一寸软肉的奴隶，此即精神不自由。以身体全部论，吃面包亦何尝不可以饱？甘为肉体的奴隶，即精神为所束缚，必能不承认舌——一寸软肉为我，方为精神独立。东方的学问道德，几全部是教人如何方能将精神生活对客观的物质或己身的肉体宣告独立，佛家所谓解脱，近日所谓解放，亦即此意。客观物质的解放尚易，最难的为自身——耳目口鼻……的解放。西方言解放，尚不及此，所以就东方先哲的眼光看去，可以说是浅薄的，不彻底的。东方的主要精神，即精神生活的绝对自由。

求精神生活绝对自由的方法，中国、印度不同。印度有大乘、小乘不同，中国有儒、墨、道各家不同——就讲儒家，又有孟、荀、朱、陆的不同。任各人性质机缘之异，而各择一条路走去，所以具体的方法很难讲出，且我用的方法也未见真是对的，更不能强诸君从同。但我自觉烦闷时少，自二十余岁到现在，不敢说精神已解脱，然所以烦闷少，也是靠此一条路，以为精神上的安慰。至于先哲教人救济精神饥荒的方法，约有两条：

（一）裁抑物质生活，使不得猖獗，然后保持精神生活的圆满，如先平盗贼，然后组织强固的政府。印度小乘教即用此法，中国墨家、道家的大部，以及儒家程朱，皆是如此。以程朱为例，他们说的持敬制欲，注重在应事接物上裁抑物质生活，以求达精神自由的境域。

（二）先立高尚美满的人生观，自己认清楚，将精神生活确定，靠其势力以压抑物质生活。如此，不必细心检点，用拘谨功夫，自能达到精神生活绝对自由的目的。此法可谓积极的，即孟子说“先立乎其大者，则其小者不能夺也”，不主张一件一件去对付，且不必如此。先组织强固的政府，则地方自安，即有小丑跳梁，不必去管，自会消灭，如雪花飞近大火，早已自化了。此法佛家大乘教，儒家孟子、陆、王皆用之，所谓“浩然之气”，即是此意。

以上二法，我不过介绍与诸君，并非主张诸君一定要取某种方法。两种方法虽异，而认清精神要解脱这一点却同。不过说青年时代应用的，现代所适用的，我以为采积极的方法较好，就是先立定美满的人生观，然后应用之以处世。至于如何的人生观方为美满，我却不敢说，因为我的人生观未见得真是对的，恐怕能认清最美满的人生观，只有孔子、释迦牟尼有此功夫。我现在将我的人生观讲一讲，对不对，好不好，另为一问题。

我自己的人生观，可以说是从佛经及儒书中领略得来。我确信儒家、佛家有两大相同点：

（一）宇宙是不圆满的，正在创造之中，待人类去努力，所以天天流动不息，常为缺陷，常为未济。若是先已造成——既济的，那就死了，固定了，正因其在创造中，乃如儿童时代，生理上时时变化。这种变化，即人类之努力，除人类活动以外，无所谓宇宙。现在的宇宙，离光明处还远，不过走一步比前好一步，想立刻圆满，不会有的。最好的境域——天堂、大同、极乐世界——不知在几千万年之后，决非我们几十年生命所能做到的。能了解此理，则做事自觉快慰。以前为个人、为社会做事，不成功或做坏了，常感烦闷，明乎此，知做事不成功，是不足忧的。世界离光明尚远，在人类努力中，或偶有退步，不过是一现相，譬如登山，虽有时下，但以全部看仍是向上走。青年人烦闷，多因希望太过，知政治之不良，以为经一次改革即行完满，及屡试而仍有缺陷，于是不免失望。不知宇宙的缺陷正多，岂是一步可升天的？失望之因，即根据于奢望过甚。《易经》说："乐则行之，忧则违之，确乎其不可拔。"此言甚精采，人要能如此看，方知人生不能不活动，而有活动，却不必往结果处想，最要不可有奢望。我相信孔子即是此人生观，所以"发愤忘食，乐以忘忧，不知老之将至"。他又说："智者乐水，仁者乐山；智者动，仁者静；智者乐，仁者寿。"天天快活，无一点烦闷气象，这是一件最重要的事。

（二）人不能单独存在，说世界上那一部分是我，很不对的。所以孔子"毋我"，佛家亦主张"无我"。所谓无我，并不是将固有的我压下或抛弃，乃根本就找不出我来。如说几十斤的肉体是我，那么，科学发明，证明我身体上的原质，也在诸君身上，也在树身上。如说精神的某部分是我，我敢说今天我讲演，我已跑入诸君精神里去了。常住学校中许多精神，变为我的一部分，读孔子的书及佛经，孔、佛的精神，又有许多变为我的一部分。再就社会方面说，我与我的父母、妻子，究竟有若干区别？许多人——不必尽是纯孝——看父母比自己还重要，此即我父母将我身之我压小。又如夫妇之爱，有妻视其夫，或夫视其妻，比已身更重的，然而何为我呢？男子为我，抑女子为我，实不易分。故彻底认清我之界限，是不可能的事（此理佛家讲得最精，惜不能多说）。世界上本无我之存在，能体会此意，则自己作事，成败得失，根本没有。佛说：“有一众生不成佛，我不成佛。”“我不入地狱，谁入地狱？”至理名言，洞若观火。孔子也说：“诚者，非但诚己而已也……”将为我的私心扫除，即将许多无谓的计较扫除，如此，可以做到“仁者不忧”的境域。有忧时，就是“先天下之忧而忧”，为人类——如父母、妻子、朋友、国家、世界——而痛苦，免除私忧，即所以免烦恼。

我认东方宇宙未济、人类无我之说，并非论理学的认识，实在如此。我用功虽少，但时时能看清此点，此即我的信仰。我常觉快乐，悲愁不足扰我，即此信仰之光明所照。我现已年老，而趣味淋漓，精神不衰，亦靠此人生观。至于我的人生观，对不对，好不好，或与诸君的病合不合，都是另外一问题。我在此讲学，并非对于诸君有知识上的贡献，有呢，就在这一点，好不好，我自己也不知道。不过，诸君要知道自己的精神饥荒，要找方法医治。我吃此药，觉得有效，因此贡献诸君采择。世界的将来，要靠诸君努力。

第二章

物竞天择，优胜劣汰，
苟不自新，何以获存

读书法讲义

一

为什么读本国书？读本国书有何用处？这两句话，从前绝对不成问题，今日却很成问题了。依我看，有下列三种用处，所以本国书应读。

第一，为帮助身心修养及治事的应用，本国书应读。

身心修养及治事，本来要从实际上磨练出来，并非专靠读书。但书本上所看见的前言往行，最少可以给我们很好的刺激、启发、印证。这种帮助，实属有益而且必要。这种帮助，虽不必限定于本国书——外国书里头的资料当然也不少，但本国书最少也和外国书有同等价值，而且本国人和本国先辈到底接近些，他们的嘉言懿行读起来格外亲切有味，以效率论，有时比读外国书更胜一筹。

第二，为要知道本国社会过去的变迁情状，作研究现在各种社会问题之基础，本国书应读。

这种学问，我们名之曰“文献学”——大部分是历史，但比普通所谓历史的范围更广。我们若相信环境和遗传的势力，那么这门学问之紧要不必更加说明了。我们做宇宙间一个人，同时又做国家底下一个国民。做人要有做人的常识，做国民要有做国民的常识。晓得本国文献，便是国民常识的主要部分。我们祖宗曾经做过什么事，所做的事留下好的坏的影响给我们的共有多少，这是和我们现在将来的命运关系最切之问题。我们无论做何种事业，都要看准了这些情形才能应付。像中国这样有几千年历史的国家，这部分学问自然更重要而且有趣味了。我们所提倡的国学，什有九属于这个范围。

第三，为养成对于本国文学之赏鉴或了解的能力及操练自己之文章技术，本国书应读。

有人说："白话文学通行了，旧书可以不读。"此话不然。我们不妨专作白话文，但不能专看白话书，现在留传下来最有价值的书，百分中之九十九是用文言写的。我们最少要有自由翻读的能力，才配做一国中之智识阶级。即以文学论，文言文自有文言文之美，既属中国人，不容对于几千年的好作品一点不能领略。况且在现在及近的将来，文言文在公私应用上还很占势力，纵使不必人人会做，最少也要人人会看。还有一义：将来白话文技术进步以后情形如何，我不敢说。截至今日止，白话文做得好的人，大率都是文言文有相当的根柢。所以，为自己文章技术进步起见，古书也不可不读。

我们既为这三项目的读中国旧书，那么，可以把应读的书分出种类；那类书是为第一项应用的，那类书是为第二或第三项应用的，读法自然各各不同。

每项应读的书及其读法，本来该由教育机关摘编成书，分配于高等小学及中学之七八年间，可以替青年省多少精力而人人得有国学基本知识。今既未能，则青年对于国学，不是完全抛弃，便要走无数冤枉路，二者必居一于是。我这篇极简单的讲义，不敢望把这两种毛病救济，只求能减轻一点，便算意外荣幸了。

二

讲身心修养及治事接物之方法的书籍，全世界各国怕没有比中国更多的了。就中国所有书籍论，也是这类书最多；内中宋、元、明理学家的著述几乎全部都属这类。老实说，许多陈陈相因的话，连我读去也觉讨厌，何况青年？然而，这部分学问始终是必要而且有益的，既如前述，所以我们总要想方法吸收他的精华资助我的养料。依我看，先把两套话撇开，剩下的便是我们切实受用所在了。

第一，撇开虚玄的哲理谈。性命理气一派的“形而上”话头，在哲学上价值如何，暂且不论。但宋以来学者指为修养关键所在，我们敢说是错了。这种修养，彻头彻尾要用静坐体悟工夫——全部袭用佛家方法，内中少数特别天才的人，或者从这里头得着高尚的理想，把他们的人格扩大，我们也是承认的。但这种方法，无论如何，断不能适用于一般人，而且在现代尤多窒碍。所以，这类话头只好让专门研究中国哲学史的人去审查他的内容和价值。我们为实际上修养应用起见，竟把他“束之高阁”也罢了。

第二，撇开形式的践履谈。践履工夫，自然是修养所最必要。但专从形式上检点，也是不适用。形式有两种：一是礼教上虚文。例如家庭及社会交际上种种仪节，沿习既久，含有宗教性，违反了便认为不道德。其实这些事都与大体无关，而且许多为今日所不可行。古书中断断于此类者很多，大半可认为废话。二是外部行为之严谨的检束。例如古人所最乐道的“动必以礼”——什么“手容恭足容重”一类话，专教人做凿四方眼的枯窘生活，无论做不到，做到也是无益。这两种形式的践履谈，从正面看，已经看不出什么好处；从反面看，还有个奖励虚伪的绝大毛病，所以我们要根本反对他。

把这两部分撇开，那么，古书中所剩下的修养谈，也就不很繁重了。从这里头找些话自己切实受用，则视乎各人的素性和环境，各有会心，很难说那一类话最要，那一类话姑舍。但据我个人的实感，则现代一般青年所应该特别注意者如下：

> 其一，我们生在这种混浊社会中，外界的诱惑和压迫如此其厉害，怎么样才能保持我的人格，不与流俗同化？
>
> 其二，人生总不免有忧患痛苦的时候，这种境遇轮到头上，怎么样才能得精神上的安慰，不致颓丧？
>
> 其三，我们要做成一种事业或学问，中间一定

经过许多曲折困难，怎么样才能令神志清明、精力继续？

这三项我认为修养最要关头，必须通过，做个人才竖得起。这种修养，要靠实际上遇事磨练，自无待言。但平日没有一点预备工夫，事到临头，又从那里应用起？平日工夫不外两种：一是良师益友的提撕督责，二是前言往行的鞭辟浸淫。良师益友，可遇而不可求；前言往行，存在书册上，俯拾即是。读书之对于修养上最大功用、最大利便就在此。

这类书全在各人特别领会，有时极平常的人说一句极平常的话，拿起来可以终身受用不尽，所以很难说那几部书、那几段话最好。若勉强要我说，我请把我自己生平最爱读的几部书说来：

《孟子》

《宋元学案》内的《象山学案》

《明儒学案》内的《姚江学案》《泰州学案》《泰州》专读心斋、东崖。

王阳明的《传习录》内中言性理的一部分可不读。

顾亭林的《日知录》内提倡气节各条。

王船山的《俟解》

戴子高编的《颜氏学记》记颜习斋，李刚主一派学说。

以上所举，不过我一个人私好，自然不免偏颇或窒漏。但《红楼梦》里头贾宝玉说得好："任凭弱水三千，我只取一瓢饮。"何必贪多，一两句格言，便够终身。

受用至于我喜欢饮这一瓢，你喜欢饮那一瓢，这是各人胃口不同，只要解得渴，那价值并无差别。

这一瓢，那一瓢，无所不可，只要饮得透。如何才算饮得透？看见一段话，觉得"犁然有当于吾心"，或切中自己的毛病，便把那段话在心中口中念到极熟，体验到极真切，务使他在我的"下意识"里头浓熏深印，那么，临起事来，不假勉强，自然会应用，应用过几回，所印所熏，越加浓深牢固，便成了一种"人格力"。而不然者，什么好话，只当作口头禅，在"口耳四寸之间"溜过，临到实际，依然一毫得不着用处。孟子说："君子深造之以道，欲其自得之也；自得之则居之安，居之安则资之深。"又说："夫仁亦在乎熟之而已矣。"修养无他谬巧，只争熟不熟。熟便"得"，得便"安"了。

"只取一瓢饮"，是守约工夫。一面守约，一面仍不妨博涉以为辅，所谓"多识前言往行以畜其德"也。认定了几件大节目做修养中坚，凡与这些节目引申发明的话，多记一句，自然所印所熏加深一度。要记的既多，最好备一个随身小册子，将自己心赏的话钞出，常常浏览。意识将近麻睡，便给他一番刺激，令他惊醒，这便是"熟之"的妙法。

专记格言，也会干燥生厌。还有最好的修养资料，是多读名人传记和信札。我记得很小的时候，读了一部《曾文正公家训》，给他儿子的信。不知受多大刺激[1]。稍为长大一点，读了全谢山做的黄梨洲、顾亭林两篇墓碑，又不知受多大刺激。直到今日，曾、黄、顾这些人的面影，永远蟠踞住我的“下意识”。孟子说：“舜何人也，予何人也，有为者亦若是。”激扬志气的方法，再没有好得过“尚友古人”了。

二十四史，列传占了什之七八，以现代历史观念而论，可以说内中所记载，有一大半不应入历史范围。但中国无论何种著述，总以教人学做人为第一目的。各史列传，大半为这个目的而存在。与其认为社会史迹的资料，不如认为个人修养的资料。我常想，亟应该把历史上名人——大学者、大文学家、大美术家、大政治家、大军人以及气节峻拔的人，挑选百来个，重新替他们各做一篇有趣味的传，以此教导青年，比什么都有益。现在既没有这样书，将就一点，把正史中现有的传挑出一二百篇来浏览，也是必要。读这些传时，且不必当作历史读，专当作修养书读，看他们怎样的做人、怎样的做事、怎样的做学问。设想我处着他的境遇，我便如何？碰着这类事情，我便怎么办法？……常用这种工夫，不独可以磨练德性，更可以浚发才智，先辈论读史益处，大抵最注重此点。

读名人传记，其人愈近愈好，因为观感更切；其传愈详愈好，因为激发更多。近代详传，多用年谱体裁行之。试推

[1] 刺激：原为“激刺”，据文意修改。

荐几部：以著者年代为次。孙奇逢自著的《孙夏峰年谱》，门人补注。李塨著的《颜习斋年谱》，冯辰著的《李刚主年谱》，王懋竑著的《朱子年谱》，顾栋高著的《司马温公年谱》《王荆公年谱》，段玉裁著的《戴东原年谱》，焦廷琥著的《焦里堂年谱》[1]，丁晏著的《郑康成年谱》，黄炳垕著的《黄梨洲年谱》，张穆著的《顾亭林年谱》《阎百诗年谱》，李鸿章著的《曾文正公年谱》，刘毓崧著的《王船山年谱》，梁启超著的《朱舜水年谱》，胡适著的《章实斋年谱》。这些书读了都令人闻风兴起，裨益青年不少。可惜还有许多伟大人物没有人替他作谱。又各谱体例，我们也未尽满意。

名人信札，和他并时的朋友论事论学，读之最可益人神智。我也推荐几部：张江陵的《张太岳文集》、顾亭林的《亭林文集》、戴东原的《东原集》、焦里堂的《雕菰楼集》、曾涤生的《曾文正公全集》、胡润之的《胡文忠公遗书》、郭筠仙的《养知书屋集》。在这些集中专取信札一门读之，极有益而且有趣。

以上所举各书及其读法，皆以帮助身心修养及治事之应用为目的。孔子说："古之学者为己。"读这类书专以自己直接得着益处为主，把自己这个人训练好了，才配说有益于社会，所以把他列在第一。若以为这是迂腐之谈，则我不敢知了。

[1] 疑有误，未查到焦廷琥著有此书。

三

第二部门的文献学，虽说他包括国学智识的全范围，亦无不可。例如和第一部门同性质的书，有许多应用到修养上没有什么价值，但用来做思想史的资料便有价值。和第三部门同性质的书，有许多作品没有什么赏鉴价值，但用来做文学史资料便有价值。章实斋说："六经皆史。"编述六经的人，是否目的在著史，虽不敢断言，但我们最少总可以说"六经皆史料"。把所有书籍都当作史料看待，无论什么书籍都有用，何止书籍，乃至烂帐簿、废田契、破搢绅、陈黄历等等都有用。

既已什么书籍都有用，那么，指定那部书要读、那部书不要读，几乎不可能了。但又须分别讲：研究某件专门事项的人，关于这事项的资料文书，固然都要讲；不是研究这门的人，自然有许多不要读。仅欲得文献常识的人，自然一切专门资料都可以缓读。

我们最痛心的是，想举几部文献常识，惬心贵当的书给青年读，竟自举不出来！我想这是国学先生们当面的责任，若不赶紧编出几部好书来，实在对不起青年。但现在既没有恰当的书，又不能因此而把这点常识径行抛弃；万不得已，姑列举以下各书充数：

《左传纪事本末》能读《左传》原文更好。

《通鉴纪事本末》能读《通鉴》原文更好。

宋史、元史、明史纪事本末

《文献通考》之左列各考《续通考》《皇朝通考》附。

田赋考 钱币考 户口考 职役考 国用考 选举考 学校考 职官考 乐考 兵考 刑考 经籍考 四裔考

《四库全书提要》之各部各类总叙

《读史方舆纪要》之各省各府总叙

举这几部书，其实还很不满意。不满意的理由：一是卷帙太多了，学校里的青年已经没有时候通读。内中有些不必要的资料，尚须读者自行别择。二是虽有恁么多卷帙，必要的资料却并未齐备，内中尤缺乏是政治以外的社会资料，又清朝一代的资料简直没有，所以虽读完了，还不算有“踌躇满志”的常识。但现在既未有恰好的书，我只好劝青年们耐点烦，姑且拿这几部做基础罢。

再进一步，我希望青年们能彀[1]分一点工夫把先秦——秦朝以前——几部书读一读。第一，因为那时代中国文化初成熟，那时代的著作很有一种权威，支配二千年的社会心理。我们无论崇拜他或反抗他，总不能置之不闻不问。第二，那时代的著作留下的实在不多，把一大部分伪书甄别去后，剩下比较可信的只有《诗经》《尚书》中二十八篇，《易经》《仪礼》《礼记》之一部分，《春秋》《左传》（？）《国语》《战国策》《论语》《老子》《墨子》《孟子》《庄子》《慎子》（？）

[1] 彀：音 gòu，用同“够”。

《尹文子》（？）《公孙龙子》（？）《荀子》《韩非子》《孙子》十三篇，《管子》之一部分（？），《商君书》之一部分（？），《吕氏春秋》《楚辞》之一部分。这二十来部书，小部头的只有几千言，如《老子》，如佚余之《慎子》《尹文子》《公孙龙子》。大部头的也不过十来万字，最大者《左传》《荀子》《韩非》《品览》。其中尚有实际上非专门研究家则无从读或不必读者，如《易经》卦辞爻辞，如《仪礼》，如《春秋》经文，如《礼记》之大部分，如《管子》之大部分，如《墨子》之小部分，乃至《尚书》之一部分。有真书中搀入伪文者。《墨》《庄》《荀》《韩》皆有，其他全书疑伪未决者不必论。似此别择下去，必应读之先秦书籍实属寥寥无几。平均每日读一点钟，一年多便可读完。人生何处不消耗此一年多之每日一点钟耶？

其次，有几部书我愿意推荐：汉王充的《论衡》；唐刘知几的《史通》；宋郑樵《通志略》，尤其是它的叙论；清章学诚的《文史通义》。这几部书都是极富于批评精神的。我们若想对于文献作部分的专门研究，先看看这几部书，可以开拓心胸，且生发好些法门。

文献各部分之专门研究，前途可开拓的境土甚多。正如一个极丰富、极辽广的矿区，矿苗到处分布，层层堆积，只要你有方法开采、分析、制练，便可以生出许多珍奇高贵的产品。这种事业并不专靠书本，但书本里头可珍贵的原料也真不少。

这种研究，各门有各门的特别资料和特别研究法，这里不能详细论列。书籍中的资料到处散布，也不能遍举书名。今但把研究法之普遍原则说说。

第一，用怀疑精神去发生问题。天下无论大小学问，都发端于“有问题”。若万事以“不成问题”四字了之，那么无所用其思索、无所用其研究、无所用其辩论，一切学问都拉倒了。先辈说：“故见自封，学者之大患。”正是谓此。所以，会做学问的人本领全在自己会发生问题。“天圆地方”向来不成问题，到歌白尼却成了问题。“人为万物之灵”向来不成问题，到达尔文却成了问题。“人欲净尽，天理流行”向来不成问题，到戴东原却成了问题。乃至苹果落地、开水掀壶盖，在旁人不成问题，奈端、瓦特却对他发生问题。《古文尚书》《太极图》，旁人不成问题，阎百诗、胡朏明对他却发生问题。为什么不发生问题？首先，以为是当然的事理，不值得注意；其次，以为前人久已论定了，何必更费心。这都是被旧日意见把自己封闭住了，如此便永远不会有新学问。然则如何才会发生问题呢？朱晦庵说：“学贵善疑；大疑则大悟，小疑则小悟，不疑则不悟。”善疑便是排除“故见”的第一法门。无论读什么书，听什么话，看见什么事，你疑他一下总不会蚀本。所谓疑者，并不是一疑之后从此便不信；因疑得信，也是常有的。但这回的信，却是有责任的了，有意识的了，不是故见而是新见了。总之，一疑便发生问题；发生问题便引着你向前研究；研究结果多少总得点新见；能解决这问题固好，即不能，最少也可作后人解决的准备资料，甚至只提出问题，不去研究，已经功德不少；因为把向来不成问题的变成问题之后，自然有人会去研究他、解决他。

第二，用耐烦工夫去搜集资料。披沙拣金，千万颗沙里头不知道得着得不着一两颗金，可谓最不经济的事业。但既已沙外无金，那么，你除非不想得金便罢；想得，只好耐烦拣去。做中国文献学的苦处在此。材料是尽有的而且很丰富；但散在各处，东一鳞，西一爪，合拢来可以成七宝楼台，分散着却一钱不值。但我们万不可以因此灰心或厌倦。做昆虫学的人，那里会有许多奇种异类的蝴蝶、蜻蜓……不劳而获的飞到你身边让你研究？博物馆里头一格一格的蝴蝶、蜻蜓标本，像我们这种门外汉看着，还不是莫名其妙吗？真有昆虫学趣味的人，倒是非亲手从树林中采集下来，不能过瘾。亦且非做过这番工夫，他的智识不能算是自己的。所以，我们对于资料之多量而散漫，应该欢喜，不该讨厌搜集资料之法，应该以问题为中心，未有问题以前，资料平铺纸上，熟视无睹；既有问题以后，资料自然会浮凸起来。凡自己会发生一个问题，必先有若干资料曾供观察。就拿这些做基本资料；以后凡遇着和这项问题有关系的资料，见一件便搜罗一件。最要紧的工作是要勤用笔记。因为许多宝贵而零碎的资料，稍为大意一点，便像拣出的金依然混回沙堆子里，要再找可就费力了。我们若能把勤做笔记的习惯养成，那么你所要的资料自然常会聚拢到你身边，供给你的新见解。凡研究一个问题，搜集资料的工作，总是居全工作十分之七八。先有丰富的“长编”，才能有简洁的定稿。以一个人的全生涯而论，中外古今大学者，他们有价值的著作，多半是四五十岁以后才成功。四五十岁以前做的什么事呢？须知都消磨在搜集资料里头。

第三，用冷静头脑去鉴别资料。我们读书，往往做了许多冤枉功夫，辛辛苦苦搜集些资料拿来当宝贝，那里知道这资料却是假的或是错的。若将假的、错的资料作为研究基础，不独自己不会成功，而且贻误别人不少。中国书假货极多，稍为外行的人便要上当：例如将今本《尚书》的《大禹谟》当作唐、虞时候史官所记，将《周官》当作周初制度，将《孔子家语》当作孔子一生行状；又如认战国初年有列御寇这个人曾经作过一部《列子》，隋、唐间有王通这个人曾经作过一部《文中子》，岂非笑话？或者书虽不假，而里头所讲的话许多靠不住：例如司马迁的《史记》，公认为中国史学界第一部名著，然而书中所记三代以前事，最少怕有一半错谬。官署里记当时办理一事的档案，文集中载同时人的墓志行状，岂非耳闻目见，最可信据？然而十件中总有八九件绝非实录。凡此之类，倘不认真别择，则所凭借的资料先没有价值，研究的结果如何能有价值？好在重要的伪书，经清朝儒者考证明白的已经不少。我现在打算做一部书，名曰《古书之真伪及其年代》。我希望将来出版后，可以省青年许多冤枉工夫。至于各种事实的鉴别法，恕我不能详说。我两年前著过一部《中国历史研究法》，里头有一部分专论此事，请读者参看。

第四，用致密技术去整理资料。满屋散钱请你拿，但没有一根绳子串上他，你便拿不去。会切烧鸭子的人，块块都是肉；不然，便块块都是骨头。这两句话虽然鄙俚，却是做学问的极好譬喻。孔子谓子贡曰："赐也，汝以予为多学而识之者与？"对曰："然，非与？"曰："非也，予一以贯之。"我们读前人名著，看见他征引繁富，总以为这个人不知有多大记性，脑子里常常满贮这许多资料，殊不知脑力之强不强，并不在乎能否记忆，而在乎能否分析呆板的"多学而识"，非惟不可能，抑亦无用。荀子说："以浅持博……[1]以一持万。"这便是"一贯"的正解，便是做学问的不二法门。我们对于一个复杂问题，搜集得无数资料，如何才能驾驭这些资料使为我用呢？一是要提挈出他的特点，注意这件资料和别件资料不同的地方在那里。二是要善于分类，把所得资料，察其性质，纵分横分，分为若干组比较研究。三是要求出相互关系，各种资料中，或有主从的关系，或有姊妹的关系，务要寻出线索贯穿他，不令一件一件的孤立。学者如能常用这三种方法，那么资料越多越得用。如其不然，会被资料把你弄得头昏哩！

第五，用谦谨的态度去判断问题。无论何项学问，都以解决问题为最终目的。对于资料所下种种工夫，不过为解决问题之预备。虽然，发生问题，不妨为极大胆的怀疑；解决问题，不可不为极小心的判断。当搜集、鉴别、整理资料的时候，当然会随时发生种种"假定"。但是这种"假定"，切勿便认为已经成熟的意见。戴东原说："有十分之见，有未至十分之见。"凡未至十分之见，若轻于自信，

---

[1] ……：原为"，"，但实为省略"以古持今"一句，故改。

便会变成魔障。大抵研究一个问题，到能彀设立“假定”的时候，工夫已经过半了。真是忠于学问的人，在这时候绝不肯放松自己。最好将自己的“假定”当做“被告”，自己先做“原告律师”，极力推寻他的破绽；凡有一丝一隙的反面证据，断断不肯隐匿。经这一番之后，再回过头来充“被告律师”，替自己的“假定”辩护。辩得通，那么，这个“假定”的正确程度便增加一分，或者问题就从此解决；辩不通，便须毅然决然把这个“假定”抛弃了，切勿护前留恋。若觉得这个“假定”十有八九是对，却还有一二分像站不住，那么，就请把你认为站不住的那几点老实说出来，重新作为一个问题，待别人研究。切勿因为怕妨害自己的主张，把他隐藏或曲解。因为：一是你自己对于这问题研究很深，别人或不容易看出你的破绽，所以该自己说出来。二是这问题一部分已经解决的，省得别人费力，把剩下的几点指出，给别人集中研究，是学术上分功的办法。三是自己觉得站不住的地方，或者别人有方法令你站得住，便是把自己意见增加价值。总之，无论大小学问，绝不是一个人或一个时代所能完成。若件件完成，后来的人有什么可做呢？我们最好常常存心：认自己研究的结果只能供别人参考资料，庶几孔子说的“可以无大过矣”。

这种研究法，我认为治文献学惟一法门，不如此做，便非学问。但应用这种法门也非容易，总要在青年时代养成习惯，最好更得前辈所做过者为之模范。我请把几部可以做模范的书推荐给各位青年：

万斯大的《周官辨非》

阎若璩的《古文尚书疏证》

胡渭的《易图明辨》

康有为的《新学伪经考》

崔适的《史记探原》

这几部书看他们发生问题何等大胆。但他们判断问题有不甚谦谨之处，不可学。

赵翼的《廿二史札记》

俞正燮的《癸巳类稿》

陈澧的《东塾读书记》

这几部书看他们对于资料之搜集整理何等辛勤。《癸巳类稿》多经史以外的考体，故举为例。

王引之的《经传释词》《经义述闻》

俞樾的《古书疑义举例》

这几部书看他们怎样的驾驭资料，且所下判断何等谨慎。

总之清代经师做学问，大概都是用这种方法，和近代欧美人研究科学的方法很有点相同。以上不过随举数书，其实各种经传新疏及各文集中专篇，可学者甚多，恕不枚举了。

他们所致力者虽仅在古典方面，然而，这种精神应用于各种文献学乃至自然科学，皆可以“举一隅而以三隅反”也。

这种研究法，不惟在学术上可以引起种种发明创造，即就涵养德性论，亦极有关系。若能从青年时代养成这种学问习惯，则勇敢、耐烦、明敏、忠实、谦逊种种美德不知不觉会跟着养成。所以，我奉劝青年们多用这番工夫才好。

四

第三部门关于文学方面者约有三个目的：

第一个目的，我们向现代青年提出最低限的要求：要他们对于用本国文字写出来的书籍能自由阅读。这个要求，想来总不算过分罢。然而，现在中学教育，对于这个问题便已煞费商量。依我看，选授些古文近文，讲解些文法……这类方法没有什么用处。有一个方法像是极笨拙，而我确信他极有效。那方法是：挑选几部不浅不深的古书，令青年们精读，务求一字一句都能了解。若要我推荐书名，则第一部是《汉书》，第二部是《左传》，第三部是《荀子》，第四部是《韩非子》。为什么挑这四部书呢？一是因为他们的内容很有趣味，而且于文章以外还有别的高贵价值。二是因为他们的文体不浅不深，小学或初等中学毕业的青年读去，不必看注释而自然了解者约居十之六七。然而其中有一部分，字的训诂和用法，语句的构造法，到底和近代有点不同。虽有不同，却相差也不甚远；稍为参看注释，或就教师一问，便可了然。

假如把这四部书放在高等中学三个学年内读完，并不费力。这四部书完全读通以后，我敢信读古今一切书籍，无不通晓。所剩下者，如《尚书》之《周诰》《殷盘》，《墨子》之《经说》《大取》《小取》等等，非专门家不能校读，则亦不必以责诸一般人了。这个方法养成青年自动的读书能力，比什么讲古文、讲文法等等机械教育强多了。若得了这种常识之后，还不自满足。更把《说文段注》[1]一读，知道每个字的来源及异训；把《经传释词》一读，知道古书特别语句之构造法。那么，便可以读先秦古籍和读近人白话文一样的自由了。

第二个目的，为操练自己的文章技术：令自己有什么观察所得或感想所及，能彀极自由的发表出来，恰如其分；令别人读去，毫无不了解之处，又不至误会。再进一步，能令读者感动，得着自己所想得的发言效率。只要能达到这个目的，或用文言，或用白话，自然是无所不可，但如何才能得着这种技术，很须费一番操练工夫。操练第一步，自然是找些前人名作来做模范。白话文名作虽然很有，但大率属于纯文学的小说类。小说专表虚构的想像力，其文体不能适用于一般。故以小说作初学文章的模范，我认为不对我的意见，始终不作文言文未尝不可，始终不读文言文，则断断不可用好的文言文做技术模范，将来把这种技术应用到白话文，不惟毫无窒碍，而且事半功倍。

---

[1] 《说文段注》：即《说文解字注》，清代段玉裁注疏许慎的《说文解字》的著作。

然则该用那种类的文来做模范呢？前项所说《汉书》《左传》《荀子》《韩非》四部书，都是极好文字，学者若能精读过一遍，当然已受益不少。但专为学文计，却嫌他太古奥了。至于明、清以来所谓“古文家”者专提倡韩、柳、欧、苏之文。我以为他们浮辞太多，而且格调章法往往故为矫揉，不近自然；若用来做模范，我很反对。我认为最适于做文章模范者，有两个时代的文：一是后汉、魏、晋间之文；二是前清朴学家之文。魏、晋间文，句法整齐，条理明畅，无浮响，无枝辞，择言必雅而不伤奥涩，蓄意尽达而仍复谨严。学者试将《后汉书》《三国志》《晋书》里头的书札奏议及论辩之文选出几十篇常常浏览，自然会做成一派严肃而条鬯[1]的文字。前清朴学家文章的好处也在此一点。若要我指出几部书，我愿意推荐顾亭林的《亭林文集》、全谢山的《鲒埼亭集》、汪容甫的《述学》、焦里堂的《雕菰楼集》、章实斋的《文史通义》、魏默深的《圣武记》。

第三个目的，是文学的趣味。我们虽然不必个个都当文学家，但至少要对于好的文学能彀欣赏。不然，便把自己应享的权利和幸福白白剥夺一部去了，但欣赏能力也须逐渐养成。养成之法，别无捷径，但亦何必要捷径。不外把名作多看，心爱的便加讽诵。所谓名作，固然很难找出绝对的标准。但其价值为一般人所公认者，如《三百篇》，如《楚辞》，如汉、魏乐府著名之各篇，如曹子建、阮嗣宗、陶渊明、鲍明远、

[1] 鬯：音 chàng，用同“畅”。

谢宣城、李太白、杜工部、王摩诘、孟襄阳、白香山、韩昌黎、李义山、王半山、苏东坡、陆放翁、吴梅村的诗，如李后主、李易安、秦淮海、柳屯田、苏东坡、辛稼轩、姜白石、王碧山、成容若的词，曲本则《西厢记》《琵琶记》《牡丹亭》《桃花扇》《长生殿》，小说则《水浒传》《红楼梦》《儒林外史》，都算得我国文学界不朽之作，我们总该领略享用他。此外各人嗜好不同，尽可为多方面的赏会，恕我不多举了。

学要十五则

学者每苦于无门径，四库之书，浩如烟海，从何处读起耶？古人经学，必首诗书，证之《论语》《礼记》《荀子》皆然，然自伪古文既行，今文传注，率经阙失。诗之鲁齐韩，书之欧阳二夏侯，荡劫尤甚，微言散坠，索解甚难。惟《春秋》《公羊》《谷梁》二传，岿然独存，圣人经世之大义，法后王之制度，具在于是。其礼制无一不与群经相通，故言经学，必以《春秋》为本。

《春秋》之义，公、谷并传，然《谷梁》注劣，故义甚暗曶，《公羊》注善，故义益光大，又加以董子《繁露》，发明更多，故言《春秋》，尤以《公羊》为归。

读《公羊》可分“义礼例”三者求之。如“元年春王正月”条下，王者孰谓，谓文王也，曷为先言王而后言正月，王正月也之类，所谓义也。立嫡以长不以贤，立子以贵不以长，子以母贵，母以子贵之类，所谓礼也。公何以不言即位之类，据常例书，即位为问，所谓例也。余可类推，然凡一礼一制，必有大义存焉，例者亦反覆以明其义而已。然则义并可该礼与例也，故孔子曰："其义则丘窃取之矣。"

何邵公解诂，本胡毋生条例，皆《公羊》先师口说也，宜细读；《春秋繁露》反复引申，以明《公羊》之义，皆春秋家最善之书。学者初读《公羊》，不知其中蹊径，可先读刘礼部《公羊》释例，卒业后，深究《何注繁露》两书，日读十页，一月而《春秋》毕通矣。

经学繁重，莫甚于礼制。礼制之轇轕[1]，由于今文与伪古文之纷争，伪古文有意诬经，颠倒礼说，务与今文相反。如今文言祭天在郊，祭地在社，而古文谓祭天南郊，祭地北郊；今文言天子娶十二女，而古文谓天子一后、三夫人、九嫔、二十七世妇、八十一御妻之类。两说聚讼，何以能通，既辨今古分真伪，则了如列眉矣。如是则通礼学甚易，既通礼学，于治经斯过半矣。

欲分真伪、辨今古，则莫如读《新学伪经考》，其近儒攻伪经之书可并读。

既读辨伪诸书，能分今古，则可以从事礼学，王制与春秋，条条相通，为今文礼一大宗。《五经异义》述今古文礼之异说，划若鸿沟，最易畅晓，惟许、郑皆古文家，不能择善而从，学者胸有成竹，不必徇其说也。《白虎通》全书皆今文，礼极可信据，既读此二书，复细玩二戴记，以求制礼之本，以合之于《春秋》之义，则礼学成矣。

古人通经，皆以致用，故曰不为章句举大义而已。又曰

[1] 轇轕：音 jiāo gé，纵横交错。

存其大体玩经文，然则经学之以明义为重明矣。国朝自顾（亭林）、阎（百诗[1]）以后，学者多务碎义，戴（东原）阮（芸台[2]）承流，益畅斯风，斤斤辨诂，愈出愈歧，置经义于不问，而务求之于字句之间。于是《皇清经解》之书汗牛充栋，学者尽数十寒暑，疲力于此，尚无一心得，所谓博而寡要、劳而少功也。康先生划除无用之学，独标大义，故用日少而蓄德多。循其次第之序以治经，一月可通《春秋》，半载可通礼学，度天下便易之事，无有过此者矣。学者亦何惜此一月半载之力而不从事乎。即以应试获科而论，一月半载之功已可以《春秋》三礼专门之学试于有司，亦是大快事也。治经之外，厥惟读史，康先生教人读史，仿苏文忠公八面受敌之法，分为六事：一曰政，典章制度之文是也；二曰事，治乱兴亡之迹是也；三曰人，为贤为恶可法戒者是也；四曰文，或骈或散可诵习者是也；五曰经义，《史记》《汉书》最多而他史亦有；六曰史裁，《史记》《新五代史》最详而他史略及，学者可分此六事求之。（上四门是陆桴亭语，下两门乃康先生所定。）

太史公最通经学，最尊孔子，其所编世家列传，悉有深意，是编不徒作史读，并可作周秦学案读。《汉书》全本于刘歆之续《史记》，其中多伪古文家言，宜分别观之。《后汉书》

[1] 百诗：原为“百时”，据实修改。阎若璩，字百诗，清代经学家、考据学家。

[2] 芸台：原为“云台”，据实修改。阮元，字伯元，号芸台，清代中期经学家、训诂学家、金石学家。

名节最盛，风俗最美，读之令人有向上之志。其文字无史汉之朴拙，亦无齐梁之藻缛，庄雅明丽，最可学亦最易学，故读史当先《后汉书》。

孔子之后，诸子并起，欲悉其源流，知其家数，宜读《史记·太史公自序》中论六家要旨一段，《汉书·艺文志》中九流一门，《庄子·天下篇》，《荀子·非十二子篇》，然后以次读诸子。

学问之道，未知门径者以为甚难，其实则易易耳。所难者莫如立身，学者不求义理之学以植其根柢，虽读尽古今书，只益其为小人之具而已。所谓藉寇兵而赍盗粮不可不警惧也。故入学之始，必惟义理是务，读象山《上蔡学案》以扬其志气，读《后汉·儒林党锢传》《东林学案》以厉其名节，熟读《孟子》以悚动其神明，大本既立，然后读语类及群学案以养之。凡读义理之书，总以自己心得能切实受用为主，既有受用之处，则拳拳服膺，勿使偶失，已足自治其身，不必以贪多为贵也。

子羽能知四国之为，孔子称之。《春秋》之作，先求百十二国宝书，以今方古，何独不然，方今海禁大开，地球万国，犹比邻也，家居而不知比邻之事，则人笑之。学者而不知外国之事，何以异是。王仲任曰：“知今而不知古，谓之盲瞽；知古而不知今，谓之陆沉。”今日中国积弱，见侮小夷，皆由风气不开。学人故见自封，是以及此，然则言经世有用者，不可不知所务也。

读西书，先读《万国史记》以知其沿革，次读《瀛环志略》以审其形势，读《列国岁计政要》以知其富强之原，读《西国近事汇编》以知其近日之局，至于格致各艺，自有专门，此为初学说法，不琐及矣。

读书莫要于笔记，朱子谓当如老吏断狱一字不放过，学者凡读书，必每句深求其故，以自出议论为主，久之触发自多，见地自进，始能贯串群书，自成条理。经学、子学尤要，无笔记则必不经心，不经心则虽读犹不读而已。黄勉齐云："真实心地、刻苦功夫，学者而不能刻苦者，必其未尝真实者也。"

以上诸学，皆缺一不可，骤视似甚繁难，然理学专求切己受用，无事贪多，则未尝繁也。经学专求大义，删除琐碎，一月半载已通，何繁之有？史学大半在证经，亦经学也，其余者则缓求之耳。子学通其流派，知其宗旨，专读先秦诸家，亦不过数书耳。西学所举数种，为书不过二十本，亦未为多也。遵此行之，不出三年，即当卒业，已可卓然成为通儒学者。稍一优游，则此三年已或白驹过隙，亦何苦而不激其志气以务求成就乎？朱子曰："惟志不立，天下无可为之事，是在学者。"

学问之趣味

——在东南大学为暑期学校学员讲演

（1922年8月6日）

我是个主张趣味主义的人，倘若用化学化分“梁启超”这件东西，把里头所含一种原素名叫“趣味”的抽出来，只怕所剩下仅有个〇了。我以为，凡人必常常生活于趣味之中，生活才有价值。若哭丧着脸捱过几十年，那么，生命便成沙漠，要来何用？中国人见面最喜欢用的一句话：“近来作何消遣？”这句话我听着便讨厌，话里的意思，好像生活得不耐烦了，几十年日子没有法子过，勉强找些事情来消他遣他。一个人若生活于这种状态之下，我劝他不如早日投海。我觉得天下万事万物都有趣味，我只嫌二十四点钟不能扩充到四十八点，不够我享用。我一年到头不肯歇息，问我忙什么？忙的是我的趣味。我以为这便是人生最合理的生活，我常常想运动[1]别人也学我这样生活。

凡属趣味，我一概都承认他是好的，但怎么样才算“趣

[1]　运动：此处指劝说。

味”，不能不下一个注脚。我说：“凡一件事做下去，不会生出和趣味相反的结果的，这件事便可以为趣味的主体。”赌钱趣味吗？输了怎么样？吃酒趣味吗？病了怎么样？做官趣味吗？没有官做的时候怎么样？……诸如此类，虽然在短时间内像有趣味，结果会闹到俗语说的“没趣一齐来”，所以我们不能承认他是趣味。凡趣味的性质，总要以趣味始，以趣味终。所以能为趣味之主体者，莫如下列的几项：一是劳作，二是游戏，三是艺术，四是学问。诸君听我这段话，切勿误会，以为我用道德观念来选择趣味，我不问德不德，只问趣不趣。我并不是因为赌钱不道德才排斥赌钱，因为赌钱的本质会闹到没趣，闹到没趣便破坏了我的趣味主义，所以排斥赌钱。我并不是因为学问是道德才提倡学问，因为学问的本质能够以趣味始，以趣味终，最合于我的趣味主义条件，所以提倡学问。

学问的趣味，是怎么一回事呢？这句话我不能回答，凡趣味总要自己领略，自己未曾领略得到时，旁人没有法子告诉你。佛典说的“如人饮水，冷暖自知”，你问我这水怎样的冷，我便把所有形容辞说尽，也形容不出给你听，除非你亲自嗑一口。我这题目——学问之趣味，并不是要说学问如何如何的有趣味，只要如何如何便会尝得着学问的趣味。

诸君要尝学问的趣味吗？据我所经历过的，有下列几条路应走：

第一，“无所为”（为读去声）。趣味主义最重要的条件是“无所为而为”。凡有所为而为的事，都是以别一件事为目的，而以这件事为手段——为达目的起见，勉强用手段；目的达到时，手段便抛却。例如学生为毕业证书而做学问，著作家为版权而做学问，这种做法便是以学问为手段，便是有所为。有所为，虽然有时也可以为引起趣味的一种方便，但到趣味真发生时，必定要和“所为者”脱离关系。你问我：“为什么做学问？”我便答道：“不为什么。”再问，我便答道：“为学问而学问。”或者答道：“为我的趣味。”诸君切勿以为我这些话掉弄虚机，人类合理的生活本来如此。小孩子为什么游戏？为游戏而游戏。人为什么生活？为生活而生活。为游戏而游戏，游戏便有趣；为体操分数而游戏，游戏便无趣。

第二，不息。“鸦片烟怎样会上瘾？”“天天吃。”“上瘾”这两个字，和“天天”这两个字是离不开的。凡人类的本能，只要那部分搁久了不用，他便会麻木，会生锈。十年不跑路，两条腿一定会废了；每天跑一点钟，跑上几个月，一天不得跑时，腿便发痒。人类为理性的动物，“学问欲”原是固有本能之一种，只怕你出了学校便和学问告辞，把所有经管学问的器官一齐打落冷宫。把学问的胃弄坏了，便山珍海错摆在面前，也不愿意动筷子。诸君啊！诸君倘若现在从事教育事业，或将来想从事教育事业，自然没有问题，很多机会来培养你学问胃口。若是做别的职业呢？我劝你每日除本业正当劳作之外，最少总要腾出一点钟，研究你所嗜好的学问。一点钟那里不消耗了？千万别要错过，闹成“学问胃弱”的证候，白白自己剥夺了一种人类应享之特权啊！

第三，深入的研究。趣味总是慢慢的来，越引越多，像到吃甘蔗，越往下才越得好处。假如你虽然每天定有一点钟做学问，但不过拿来消遣消遣，不带有研究精神，趣味便引不起来。或者今天研究这样，明天研究那样，趣味还是引不起来。趣味总是藏在深处，你想得着，便要入去。这个门穿一穿，那个窗户张一张，再不会看见“宗庙之美，百官之富”，如何能有趣味？我方才说：“研究你所嗜好的学问。”“嗜好”两个字很要紧。一个人受过相当的教育之后，无论如何，总有一两门学问和自己脾胃相合，而已经懂得大概，可以作加工研究之预备的。请你就选定一门作为终身正业（指从事学者生活的人说），或作为本业劳作以外的副业（指从事其他职业的人说）。不怕范围窄，越窄越便于聚精神；不怕问题难，越难越便于鼓勇气。你只要肯一层一层的往里面追，我保你一定被他引到“欲罢不能”的地步。

第四，找朋友。趣味比方电，越磨擦越出。前两段所说，是靠我本身和学问本身相磨擦，但仍恐怕我本身有时会停摆，发电力便弱了，所以常常要仰赖别人帮助。一个人总要有几位共事的朋友，同时还要有几位共学的朋友。共事的朋友，用来扶持我的职业；共学的朋友，和共顽的朋友同一性质，都是用来磨擦我的趣味。这类朋友，能够和我同嗜好一种学问的自然最好，我便和他打夥[1]研究。即或不然——他有他的嗜好，我有我的嗜好，只要彼此都有研究精神，我和他常

[1] 夥：音 huǒ，打夥即搭伙，结伴。

常在一块或常常通信，便不知不觉把彼此趣味都磨擦出来了。得着一两位这种朋友，便算人生大幸福之一。我想只要你肯找，断不会找不出来。

我说的这四件事，虽然像是老生常谈，但恐怕大多数人都不曾会这样做。唉，世上人多么可怜啊！有这种不假外求、不会蚀本、不会出毛病的趣味世界，竟自没有几个人肯来享受。古书说的故事“野人献曝”，我是尝冬天晒太阳的滋味尝得舒服透了，不忍一人独享，特地恭恭敬敬的来告诉诸君，诸君或者会欣然采纳吧。但我还有一句话：太阳虽好，总要诸君亲自去晒，旁人却替你晒不来。

趣味教育与教育趣味

——在直隶教育联合研究会讲演

（1922年4月10日）

一

假如有人问我："你信仰的甚么主义？"我便答道："我信仰的是趣味主义。"有人问我："你的人生观拿什么做根柢？"我便答道："拿趣味做根柢。"我生平对于自己所做的事，总是做得津津有味，而且兴会淋漓，什么悲观咧、厌世咧这种字面，我所用的字典里头，可以说完全没有。我所做的事，常常失败——严格的可以说没有一件不失败——然而我总是一面失败一面做，因为我不但在成功里头感觉趣味，就在失败里头也感觉趣味。我每天除了睡觉外，没有一分钟、一秒钟不是积极的活动，然而我绝不觉得疲倦，而且很少生病，因为我每天的活动有趣得很，精神上的快乐补得过物质上的消耗而有余。

趣味的反面，是干瘪，是萧索。晋朝有位殷仲文，晚年常郁郁不乐，指着院子里头的大槐树叹气，说道："此树婆娑，生意尽矣。”[1]一棵新栽的树，欣欣向荣，何等可爱！到老了之后，表面上虽然很婆娑，骨子里生意已尽，算是这一期的生活完结了。殷仲文这两句话，是用很好的文学技能，表出那种颓唐落寞的情绪。我以为这种情绪，是再坏没有的了。无论一个人或一个社会，倘若被这种情绪侵入弥漫，这个人或这个社会算是完了，再不会有长进，何止没长进，什么坏事都要从此产育出来。总而言之，趣味是活动的源泉，趣味干竭，活动便跟着停止。好像机器房里没有燃料，发不出蒸汽来，任凭你多大的机器，总要停摆。停摆过后，机器还要生锈，产生许多毒害的物质哩。人类若到把趣味丧失掉的时候，老实说，便是生活得不耐烦，那人虽然勉强留在世间，也不过行尸走肉。倘若全个社会如此，那社会便是痨病的社会，早已被医生宣告死刑。

二

“趣味教育”这个名词，并不是我所创造，近代欧美教育界早已通行了。但他们还是拿趣味当手段，我想进一步，拿趣味当目的，请简单说一说我的意见。

第一，趣味是生活的原动力，趣味丧掉，生活便成了无意义，这是不错。但趣味的性质不见得都是好的，譬如好嫖好赌，何尝不是趣味？但从教育的眼光看来，这种趣味的性

---

[1] 出自南北朝文学家庾信的《枯树赋》：“殷仲文……常忽忽不乐，顾庭槐而叹曰：‘此树婆娑，生意尽矣。’”

质当然是不好。所谓好不好，并不必拿严酷的道德论做标准，既已主张趣味，便要求趣味的贯彻，倘若以有趣始，以没趣终，那么趣味主义的精神，算完全崩落了。《世说新语》记一段故事：“祖约性好钱，阮孚性好屐，世未判其得失。有诣约，见正料量财物，客至，屏当不尽，余两小簏，以著背后，倾身障之，意未能平。诣孚，正见自蜡屐，因叹曰：‘未知一生当着几量屐！’意甚闲畅，于是优劣始分。”[1]这段话很可以作为选择趣味的标准。

凡一种趣味事项，倘或是要瞒人的，或是拿别人的苦痛换自己的快乐，或是快乐和烦恼相间相续的，这等统名为下等趣味，严格说起来，他就根本不能做趣味的主体。因为认这类事当趣味的人，常常遇着败兴，而且结果必至于俗语说的“没兴一齐来”而后已。所以我们讲趣味主义的人，绝不承认此等为趣味。人生在幼年、青年期，趣味是最浓的，成天价乱碰乱迸，若不引他到高等趣味的路上，他们便非流入下等趣味不可。没有受过教育的人，固然容易如此，教育教得不如法，学生在学校里头找不出趣味，然而他们的趣味是压不住的，自然会从校课以外，乃至校课反对的方向，去找他的下等趣味。结果，他们的趣味是不能贯彻的，整个变成没趣的人生完事。

我们主张趣味教育的人，是要趁儿童或青年趣味正浓而方向未决定的时候，给他们一种可以终身受用的趣味。这种

[1] 出自《世说新语·雅量》，与原文略有差别。屏当：整理收拾。簏：竹箱。蜡屐：为木屐上蜡。

教育办得圆满，能够令全社会整个永久是有趣的。

第二，既然如此，那么教育的方法，自然也跟着解决了。教育家无论多大能力，总不能把某种学问教通了学生，只能令受教的学生当着某种学问的趣味，或者学生对于某种学问原有趣味，教育家把他加深加厚。所以教育事业，从积极方面说，全在唤起趣味；从消极方面说，要十分注意，不可以摧残趣味。

摧残趣味有几条路，头一件是注射式的教育。教师把课本里头东西叫学生强记，好像嚼饭给小孩子吃，那饭已经是一点儿滋味没有了，还要叫他照样的嚼几口，仍旧吐出来看。那么，假令我是个小孩子，当然会认吃饭是一件苦不可言的事了。这种教育法，从前教八股完全是如此，现在学校里形式虽变，精神却还是大同小异，这样教下去，只怕永远教不出人才来。

第二件是课目太多。为培养常识起见，学堂课目固然不能太少；为恢复疲劳起见，每日的课目固然不能不参错掉换。但这种理论，只能为程度的适用，若用得过分，毛病便会发生。趣味的性质，是越引越深，想引得深，总要时间和精力比较的集中才可。若在一个时期内，同时做十来种的功课，走马看花，应接不暇，初时或者惹起多方面的趣味，结果任何方面的趣味都不能养成，那么，教育效率可以等于零。为什么呢？因为受教育受了好些时，件件都是在大门口一望便了，完全和自己的生活不发生关系，这教育不是白费吗？

第三件是拿教育的事项当手段。从前我们学八股，大家有句通行话，说他是敲门砖，门敲开了，自然把砖也抛却，再不会有人和那块砖头发生起恋爱来。我们若是拿学问当作敲门砖看待，断乎不能有深入而且持久的趣味。我们为什么学数学？因为数学有趣，所以学数学。为什么学历史？因为历史有趣，所以学历史。为什么学画画、学打球？因为画画有趣，打球有趣，所以学画画、学打球。人生的状态本来是如此，教育的最大效能也只是如此。各人选择他趣味最浓的事项做职业，自然一切劳作都是目的，不是手段，越劳作越发有趣。反过来，若是学法政用来作做官的手段，官做不成怎么样呢？学经济用来做发财的手段，财发不成怎么样呢？结果必至于把趣味完全送掉。所以教育家最要紧教学生知道是为学问而学问，为活动而活动，所有学问，所有活动，都是目的，不是手段。学生能领会得这个见解，他的趣味自然终身不衰了。

三

以上所说，是我主张趣味教育的要旨。既然如此，那么在教育界立身的人，应该以教育为唯一的趣味，更不消说了。一个人若是在教育上不感觉有趣味，我劝他立刻改行，何必在此受苦？既已打算拿教育做职业，便要认真享乐，不辜负了这里头的妙味。

孟子说："君子有三乐，而王天下不与存焉。"那第三种就是"得天下英才而教育之"，他的意思是说，教育家比皇帝还要快乐。他这话绝不是替教育家吹空气，实际情形确是如此。我常想，我们对于自然界的趣味，莫过于种花。自然界的美，像山水风月等等，虽然能移我情，但我和他没有特殊密切的关系，他的美妙处，我有时便领略不出。我自己手种的花，他的生命和我的生命简直并合为一，所以我对着他，有说不出来的无上妙味。凡人工所做的事，那失败和成功的程度都不能预料，独有种花，你只要用一分心力，自然有一分效果还你，而且效果是日日不同，一日比一日进步。教育事业正和种花一样，教育者与被教育者的生命是并合为一的，教育者所用的心力，真是俗语说的“一分钱，一分货”，丝毫不会枉费。所以我们要选择趣味最真而最长的职业，再没有别样比得上教育。

现在的中国，政治方面，经济方面，没有那件说起来不令人头痛，但回到我们教育的本行，便有一条光明大路摆在我们前面。从前国家托命，靠一个皇帝，皇帝不行，就望太子，所以许多政论家——像贾长沙一流，都最注重太子的教育。如今国家托命是在人民，现在的人民不行，就望将来的人民，现在学校里的儿童、青年，个个都是“太子”，教育家便是“太子太傅”。据我看，我们这一代的太子，真是富于春秋[1]，典学[2]光明，这些当太傅的，只要“鞠躬尽瘁”，好生把他培养出来，不愁不眼见中兴大业。所以别方面的趣味，或者

[1] 富于春秋：比喻年纪尚轻。出自《史记·曹相国世家》：“天下初定，悼惠王富于春秋，参尽召长老诸生，问所以安集百姓。”

[2] 典学：指勤奋学习。出自《尚书·说命下》：“念终始典于学。”

难得保持，因为到处挂着“此路不通”的牌子，容易把人的兴头打断，教育家却全然不受这种限制。

教育家还有一种特别便宜的事。因为“教学相长”的关系，教人和自己研究学问是分离不开的。自己对于自己所好的学问，能有机会终身研究，是人生最快乐的事。这种快乐，也是绝对自由，一点不受恶社会的限制。做别的职业的人，虽然未尝不可以研究学问，但学问总成了副业了；从事教育职业的人，一面教育，一面学问，两件事完全打成一片。所以别的职业是一重趣味，教育家是两重趣味。

孔子屡屡说：“学而不厌，诲人不倦。”他的门生赞美他说：“正唯弟子不能及也。”一个人谁也不学？谁也不诲人？所难者确在不厌不倦。问他为什么能不厌不倦呢？只是领略得个中趣味，当然不能自已。你想：一面学，一面诲人，人也教得进步了，自己所好的学问也进步了，天下还有比他再快活的事吗？人生在世数十年，终不能一刻不活动，别的活动都不免常常陷在烦恼里头，独有好学和好诲人，真是可以无入而不自得。若真能在这里得了趣味，还会厌吗？还会倦吗？孔子又说：“知之者不如好之者，好之者不如乐之者。”诸君都是在教育界立身的人，我希望更从教育的可好可乐之点切实体验，那么，不惟诸君本身得无限受用，我们全教育界也增加许多活气了。

自由研究和理想生活[1]

——在讲学社欢迎罗素之盛会演说词[2]

（1920年11月9日）

讲学社成立之后，第一次请到新时代的大哲罗素先生，实属本社莫大的光荣。今日我们开会欢迎罗素先生，我趁此机会，先说一说本社的宗旨。

我们对于中国的文化运动，向来主张“绝对地无限制尽量输入”。因为现在全世界，已到改造的气运。在这种气运里头，自然是要经过怀疑的试验的时代，所以学派纷纷并出，表面上不免有许多矛盾；但为开辟将来局面起见，总之各有各的好影响。就学问的本质说：本来就没有绝对的好，或绝对的不好；为中国现在计，说是哪种绝对的适宜，哪种绝对的不适宜，谁也不能下这个断语。我想我们中国如此之地大物博，我们的聪明才力比较各文明国的人，也还不算下劣。

[1] 标题为本书编者所加。

[2] 罗素于1920年10月来华，11月9日，罗素出席讲学社的欢迎会，受到梁启超的热情接待。

现在正当我们学问饥饿的时候，对于追求真理的心事，异常迫切；又好像经过严冬之后，阳和初转，许久含蓄的树芽花蕊，正要开放。我们要趁这个机运，要培养它，令它发达。只有一个方法：就是绝对的自由研究。所以无论何种学说，只要是有价值的，我们都要把它输入，今各方面的人，对于哪一种有兴味，就向哪一种尽量研究。表面上看来，所走的方向，或者不同；结果终是对于文化的全体，得一种进步。我又想，现在世界学者所研究种种理想的制度，在欧洲办不到的，或者我们中国倒是最好的一个试验场。因为欧洲已经到了积重难返的时候，有许多制度，明明知道是好的，却是没有方法办得下去。若是要办，就要出很大的牺牲，经很大的痛苦，还不知道成功怎么样。

我们中国因为近来社会进步比较慢，欧洲先进国走错的路，都看得出来了，它治病的药方，渐渐有了具体的成案了。我们像一块未有染过色的白纸，要它往好的路走，比较地还不甚难。就这一点看来，我们的文化运动，不光是对于本国自己的责任，实在是对于世界人类负一种责任。至于采哪一种方案算最好的呢？总要经过自由研究，种种试验之后，才可以决定。今日只要把种种的学说，无限制输入，听国人比较选择，将来自当可以得最良的结果。我们个人做学问，固然应该各尊所信，不可苟同。

至于讲学社，是一个介绍的机关，只要是有价值的学说，我们不分门户，都要把它介绍进来。好像我们开一个大商店，只要是好货，都要办进，凭各人喜欢哪样就买哪样。我常说中国学问的衰落，由汉朝的表彰六艺、罢黜百家。若是要表彰什么，罢黜什么，无论他表彰的罢黜的对不对，总是把思想的自由锢蔽了。所以我们要大开门户，把现代有价值的学说都要欢迎，都要灌输，这就是我们讲学社的宗旨。

这回请得罗素先生同百勒女士来，是我们最高兴的事。因为我们认为往后世界人类所要求的，是生活的理想化，理想的生活化。罗素先生的学说，最能满足这个要求。什么叫做生活理想化呢？人类还能不要生活吗？但是没有理想的生活，那生活便变成了无意义。难道我们在世界几十年，是当一回吃饭机器吗？我们因为一种高尚的目的来生活，这生活才算有价值，所以我们要的是理想的生活。现在各国的学者，都是向这个方向进行。然而最有成绩的，只怕要推罗素先生第一了。诸君有许多读过先生的书，谅来已经知道大概。将来听先生的讲演，自然明白，不用我多说了。

我现在请诸君最要注意的，是罗素先生的人格。先生因为反对战争，很受他本国政府的干涉，后来因为传布他的大同理想，抵抗国家主义，也曾下过六个月的狱。我们读的《向自由之路》这部书，就是先生入狱的前几天做成的；先生出狱以后，传布他的主义，格外的猛烈。这是真正学者独立不惧的态度，这是真正为人类自由而战的豪杰。这回先生不远万里而来，我们一面听先生的演说，一面还要受先生人格的感化，这才不辜负先生一行啊！

我对于先生，却是有一个特别要求，我先引一段笑话来作比方。我们从前小说里头讲有一位神仙，叫做吕纯阳，能点石成金。他想找一个人能放弃尘世繁华的做徒弟，常用点石成金的法子出来试验人，以为收受徒弟的方法。后来遇着一位先生，吕纯阳拿手指点一块小石头，就成了一块金子给那个人，那个人不要。再点一块大的给他，他又不要。再点几块更大的给他，他还是不要。吕纯阳很欢喜，以为这个人真是一个清心寡欲的人，就问他你到底想要什么？他答道："还要把指头给我。"什么是罗素先生的指头呢？先生把他自己研究学问的方法传授给我们，我们用先生的方法研究下去，自然可以做到先生一样的学问。这不是我们变了第二个吕纯阳，也能点石成金吗？我想先生对于我们中国人这点好学的热诚，很能鉴谅，一定给他们大大的满足。我今天代表本社竭诚欢迎并祝先生健康。

治国学的两条大路

——为东南大学国学研究会演讲

（1923年1月9日）

梁先生在宁讲学数月，每次讲稿均先期手自编定。此次因离宁在即，应接少暇，故本讲稿仅成其上篇，下篇则由竞芳笔记，谨附识。

诸君！我对于贵会，本来预定讲演的题目是《古书之真伪及其年代》，中间因为有病，不能履行原约。现在我快要离开南京了，那个题目不是一回可以讲完，而且范围亦太窄。现在改讲本题，或者较为提纲挈领，于诸君有益罢。

我以为研究国学有两条应走的大路：

一是文献的学问，应该用客观的科学方法去研究。

二是德性的学问，应该用内省的和躬行的方法去研究。

第一条路便是近人所讲的“整理国故”这部分事业。这部分事业最浩博、最繁难而且最有趣的，便是历史。我们是有五千年文化的民族，我们一家里弟兄姊妹们便占了全人类四分之一，我们的祖宗世世代代在“宇宙进化线”上头不断的做他们的工作，我们替全人类积下一大份遗产，从五千年前的老祖宗手里一直传到今日，没有失掉。我们许多文化产品都用我们极优美的文字记录下来，虽然记录方法不很整齐，虽然所记录的随时散失了不少，但即以现存的正史、别史、杂史、编年、纪事本末、法典、政书、方志、谱牒，以至各种笔记、金石刻文等类而论，十层大楼的图书馆也容不下。拿历史家眼光看来，一字一句都藏有极可宝贵的史料。又不独史部书而已，一切古书，有许多人见为无用者，拿他当历史读，都立刻变成有用。

章实斋说：“六经皆史。”这句话我原不敢赞成，但从历史家的立脚点看，说“六经皆史料”，那便通了。既如此说，则何只六经皆史？也可以说诸子皆史，诗文集皆史，小说皆史，因为里头一字一句都藏有极可宝贵的史料，和史部书同一价值。我们家里头这些史料，真算得世界第一个丰富矿穴。从前仅用土法开采，采不出什么来，现在我们懂得西法了，从外国运来许多开矿机器了。这种机器是什么？是科学方法。我们只要把这种方法运用得精密巧妙而且耐烦，自然会将这学术界无尽藏的富源开发出来，不独对得起先人，而且可以替世界人类恢复许多公共产业。

这种方法之应用，我在我去年所著的《历史研究法》和前两个月在本校所讲的《历史统计学》里头，已经说过大概，虽然还有许多不尽之处，但我敢说这条路是不错的。诸君倘肯循着路深究下去，自然也会发出许多支路，不必我细说了。

但我们要知道，这个矿太大了，非分段开采不能成功，非一直开到深处不能得着宝贝。我们一个人一生的精力，能够彻底开通三几处矿苗，便算了不得的大事业。因此我们感觉着有发起一个合作运动之必要，合起一群人在一个共同目的、共同计画之下，各人从其性之所好以及平时的学问根柢，各人分担三两门，做“窄而深”的研究，拼着一二十年工夫下去，这个矿或者可以开得有点眉目了。

此外和史学范围相出入或者性质相类似的文献学还有许多，都是要用科学方法研究去。例如：

（一）文字学。我们的单音文字，每一个都含有许多学问意味在里头，若能用新眼光去研究，做成一部《新说文解字》，可以当作一部民族思想变迁史或社会心理进化史读。

（二）社会状态学。我国幅员广漠，种族复杂，数千年前之初民的社会组织，与现代号称最进步的组织同时并存。试到各省区的穷乡僻壤，更进一步入到苗子、番子居住的地方，再拿二十四史里头“蛮夷传”所记的风俗来参证，我们可以看见现代社会学者许多想像的事项，或者证实，或者要加修正。总而言之，几千年间一部竖的进化史，在一块横的地平上可以同时看出，除了我们中国以外恐怕没有第二个国了。我们若从这方面精密研究，真是最有趣味的事。

（三）古典考释学。我们因为文化太古，书籍太多，所以真伪杂陈，很费别择，或者文义艰深，难以索解。我们治国学的人，为节省后人精力，而且令学问容易普及起见，应该负一种责任，将所有重要古典都重新审定一番，解释一番。

这种工作，前清一代的学者已经做得不少。我们一面凭借他们的基础，容易进行；一面我们因外国学问的触发，可以有许多补他们所不及。所以从这方面研究，又是极有趣味的事。

（四）艺术鉴评学。我们有极优美的文学、美术作品，我们应该认识他的价值，而且将赏鉴的方法传授给多数人，令国民成为"美化"。这种工作又要另外一帮人去做，我们里头有性情近于这一路的，便应该以此自任。

以上几件，都是举其最重要者。其实文献学所包含的范围还有许多，就是上所讲的几件，剖析下去，每件都有无数的细目。我们做这类文献学问，要悬着三个标准，以求到达：

第一，求真。凡研究一种客观的事实，须先要知道他"的确是如此"，才能判断他为什么如此。文献部分的学问多属过去陈迹，以讹传讹、失其真相者甚多。我们总要用很谨严的态度，仔细别择，把许多伪书和伪事剔去，把前人的误解修正，才可以看出真面目来。这种工作，前清"乾嘉诸老"也曾努力做过一番，有名的清学正统派之考证学便是。但依我看来，还早得很哩，他们的工作算是经学方面做得最多，史学、子学方面便差得远，佛学方面却完全没有动手呢。况且我们现在做这种工作，眼光又和先辈不同，所凭借的资料也比先辈们为多，我们应该开出一派"新考证学"，这片大殖民地很够我们受用咧。

第二，求博。我们要明白一件事物的真相，不能靠单文孤证便下武断，所以要将同类或有关系的事情网罗起来，贯串比较，愈多愈妙。比方做生物学的人，采集各种标本，愈多愈妙，我们可以用统计的精神，作大量观察。我们可以先立出若干种“假定”，然后不断的搜罗资料，来测验这“假定”是否正确。若能善用这些法门，真如韩昌黎说的“牛溲马勃[1]，败鼓之皮，兼收并蓄，待用无遗”，许多前人认为无用的资料，我们都可以把他废物利用了。但求博也有两个条件：荀子说“好一则博”，又说“以浅持博”。我们要做博的工夫，只能择一两件专门之业为自己性情最近者做去，从极狭的范围内生出极博来，否则件件要博，便连一件也博不成，这便是好一则博的道理。又满屋散钱，穿不起来，虽多也是无用。资料越发丰富，则驾驭资料越发繁难，总须先求得个“一以贯之”的线索，才不至“博而寡要”，这便是以浅持博的道理。

第三，求通。好一固然是求学的主要法门，但容易发生一种毛病，这毛病我替他起个名，叫做“显微镜生活”。镜里头的事物看得纤悉周备，镜以外却完全不见，这样子做学问，也常常会判断错误。所以我们虽然专门一种学问，却切不要忘却别门学问和这门学问的关系。在本门中，也常要注意各方面相互之关系，这些关系，有许多在表面上看不出来的，我们要用锐利的眼光去求得他，能常常注意关系，才可以成通学。

以上关于文献学，算是讲完，两条路已言其一。此外则

---

[1] 牛溲马勃：牛溲指牛尿，马勃是一种菌类，都可入药。比喻一般人觉得无用，但运用得宜则有用的东西。

为德性学，此学应用内省及躬行的方法来研究，与文献学之应以客观的科学方法研究者绝不同。这可说是国学里头最重要的一部分，人人应当领会的，必走通了这一条路，乃能走上那一条路。

近来国人对于知识方面很是注意，整理国故的名词，我们也听得纯熟。诚然整理国故，我们是认为急务，不过若是谓除整理国故外遂别无学问，那却不然。我们的祖宗遗予我们的文献宝藏，诚然足以傲世界各国而无愧色，但是我们最特出之点仍不在此。其学为何？即人生哲学是。

欧洲哲学上的波澜，就哲学史家的眼光看来，不过是主智主义与反主智主义两派之互相起伏，主智者主智，反主智者即主情、主意。本来人生方面也只有智、情、意三者，不过欧人对主智特别注重，而于主情、主意亦未能十分贴近人生。盖欧人讲学，始终未以人生为出发点，至于中国先哲则不然，无论何时代、何宗派之著述，夙皆归纳于人生这一途，而于西方哲人精神萃集处之宇宙原理、物质公例等等，到都不视为首要。故《荀子·儒效》篇曰："道，仁之隆也……非天之道，非地之道，人之所以道也。"儒家既纯以人生为出发点，所以以"人之所以为道"为第一位，而于天之道等等，悉以置诸第二位。

而欧西则自希腊以来，即研究他们所谓的形而上学，一天到晚只在那里高谈宇宙原理，凭空冥索，终少归宿到人生这一点。苏格拉底号称"西方的孔子"，很想从人生这一方面做工夫，但所得也十分幼稚。他的弟子柏拉图更不晓得循着这条路去发挥，至全弃其师传，而复研究其所谓天之道。亚里斯多德出，于是又反趋于科学，后人有谓道源于亚里斯多德的话，其实他也不过仅于科学方面有所创发，离人生毕竟还远得很。迨后斯端一派[1]，大概可与中国的墨子相当，对于儒家仍是望尘莫及。一到中世纪，欧洲全部统成了宗教化，残酷的罗马与日耳曼人悉受了宗教的感化，而渐进于迷信。

宗教方面，本来主情、意的居多，但是纯以客观的上帝来解决人生，终竟离题尚远。后来再一个大反动，便是“文艺复兴”，遂一变主情、主意之宗教，而代以理智。近代康德之讲范畴，范围更过于严谨，好像我们的临“九宫格”一般。所以他们这些，都可说是没有走到人生的大道上去。直至詹姆士、柏格森、倭铿等出，才感觉到非改走别的路不可，很努力的从体验人生上做去，也算是把从前机械的、唯物的人生观拨开几重云雾。但是真果拿来与我们儒家相比，我可以说仍然幼稚。

总而言之，西方人讲他的形而上学，我们承认有他独到之处，换一方面，讲客观的科学，也非我们所能及。不过最奇怪的是，他们讲人生也用这种方法，结果真弄到个莫明其妙。譬如用形而上学的方法讲人，是绝不想到从人生的本体来自证，却高谈玄妙，把冥冥莫测的上帝来对喻。再如用科学的方法讲，尤为妙极。试问人生是什么？是否可以某部当

---

[1] 斯端一派：即斯多亚学派，古希腊晚期的一个哲学流派。

几何之一角、三角之一边？是否可以用化学的公式来化分化合，或是用几种原质来造成？

再如达尔文之用生物进化说来讲人生，征考详博，科学亦莫能摇动，总算是壁垒坚固。但是果真要问他人之所以异于禽兽者安在？人既自猿进化而来，为什么人自人而猿终为猿？恐怕他也不能给我们以很有理由的解答。

总之，西人所用的几种方法，仅能够用之以研究人生以外的各种问题，人决不是这样机械易懂的。欧洲人却始终未澈悟到这一点，只盲目的往前做，结果造成了今日的烦闷，彷徨莫知所措。盖中世纪时，人心还能依赖着宗教过活，及乎今日，科学昌明，赖以醉麻人生的宗教完全失去了根据。人类本从下等动物蜕化而来，那里有什么上帝创造？宇宙一切现象，不过是物质和他的运动，还有什么灵魂？来世的天堂既不可凭，眼前的利害复日相肉迫，怀疑失望，都由之而起，真正是他们所谓的世纪末了。

以上我等看西洋人何等可怜！肉搏于这种机械唯物的枯燥生活当中，真可说是始终未闻大道，我们不应当导他们于我们祖宗这一条路上去吗？以下便略讲我们祖宗的精神所在，我们看看是否可以终身受用不尽，并可以救他们西人物质生活之疲敝。

我们先儒始终看得知行是一贯的，从无看到是分离的。后人多谓“知行合一”之说为王阳明所首倡，其实阳明也不过是就孔子已有的发挥。孔子一生为人，处处是知行一贯，从他的言论上也可以看得出来，他说“学而不厌”，又说

“为之不厌”，可知“学”即是“为”，“为”即是“学”。盖以知识之扩大在人努力的自为，从不像西人之从知识方法而求知识，所以王阳明曰：“知而不行，是谓不知。”所以说这类学问必须自证，必须躬行，这却是西人始终未看得的一点。

又儒家看得宇宙人生是不可分的，宇宙绝不是另外一件东西，乃是人生的活动，故宇宙的进化，全基于人类努力的创造，所以《易经》曰：“天行健，君子以自强不息。”又看得宇宙永无圆满之时，故易卦六十四，始“乾”，而以“未济”终，盖宇宙“既济”，则乾坤已息，还复有何人类？吾人在此未圆满的宇宙中，只有努力的向前创造。

这一点，柏格森所见的，也很与儒家相近。他说宇宙一切现象，乃是意识流转所构成，方生已灭，方灭已生，生灭相衔，方成进化，这些生灭都是人类自由意识发动的结果；所以人类日日创造，日日进化，这意识流转，就唤作精神生活，是要从内省直觉得来的。他们既知道变化流转就是宇宙真相，又知道变化流转之权操之在我，所以孔子曰：“人能弘道，非道弘人。”儒家既看清了以上各点，所以他的人生观十分美渥，生趣盎然。人生在此不尽的宇宙当中，不过是蜉蝣、朝露一般，向前做得一点是一点，既不望其成功，苦乐遂不系于目的物，完全在我，真所谓“无入而不自得”。有了这种精神生活，再来研究任何学问，还有什么不成？那么，或有人说，宇宙既是没有圆满的时期，我们何不静止不作？好吗？其实不然。人既为动物，便有动作的本能，穿衣吃饭也是要动的。既是人生非动不可，我们就何妨就我们所喜欢做的，所认为当做的做下去？

我们最后的光明，固然是远在几千万年、几万万年之后，但是我们的责任，不是叫一蹴而几的达到目的地，是叫我们的目的地日近一日。我们的祖宗，尧、舜、禹、汤、孔、孟……在他们的进行中，长的或跑了一尺，短的不过跑了数寸，积累而成，才有今日。我们现在无论是一寸半分，只要往前跑，才是为现在及将来的人类受用，这都是不可逃的责任。孔子曰："士不可以不弘毅，任重而道远，仁以为己任，不亦重乎？死而后已，不亦远乎？"所以我们虽然晓得道远之不可致，还是要努力的到死而后已，故孔子是"知其不可而为之者"，正为其知其不可而为，所以生活上才含着春意。若是不然，先计较他可为不可为，那么情志便系于外物，忧乐便关乎得失，或竟因为计较利害的原故，使许多应做的事反而不做，这样还那里领略到生活的乐趣呢？

再其次，儒家是不承认人是单独可以存在的，故"仁"的社会为儒家理想的大同社会。仁字，从二人，郑玄曰："仁，相人偶也。"（《礼记注》）非人与人相偶，则"人"的概念不能成立，故孤行执异，绝非儒家所许。盖人格专靠各个自己，是不能完成。假如世界没有别人，我的人格从何表现？譬如全社会都是罪恶，我的人格受了传染和压迫，如何能健全？由此可知，人格是个共同的，不是孤另的，想自己的人格向上，唯一的方法是要社会的人格向上。然而社会的人格，本是各个自己化合而成，想社会的人格向上，唯一的方法又是要自己的人格向上。明白了这个意力和环境提携，便成进化的道理。

所以孔子教人“己欲立而立人，己欲达而达人”，所谓立人达人，非立达别人之谓，乃立达人类之谓。彼我合组成人类，故立达彼即是立达人类，立达人类即是立达自己。更用“取譬”的方法，来体验这个“达”字，才算是“仁之方”。其他《论语》一书，讲“仁”字的，屡见不一见，儒家何其把“仁”字看得这么重要呢？即上面所讲的，儒家学问专以研究“人之所以为道”为本，明乎仁，人之所以道自见。孟子曰：“仁也者，人也；合而言之，道也。”盖仁之概念，与人之概念相函，人者，通彼我而始得名，彼我通，乃得谓之仁。知乎人与人相通，所以我的好恶即是人的好恶，我的精神中同时也含有人的精神。不徒是现世的人为然，即如孔孟远在二千年前，他的精神亦浸润在国民脑中不少。可见彼我相通，虽历百世不变。

儒家从这一方面看得至深且切，而又能躬行实践，“无终食之间违仁”，这种精神影响于国民性者至大。即此一分“家业”，我可以说真是全世界唯一无二的至宝。这绝不是用科学的方法可以研究得来的，要用内省的工夫，实行体验，体验而后，再为躬行实践。养成了这副美妙的仁的人生观，生趣盎然的向前进，无论研究什么学问，管许是兴致勃勃，孔子曰“仁者不忧”，就是这个道理。不幸汉以后，这种精神便无人继续的弘发，人生观也渐趋于机械。八股制兴，孔子的真面目日失。后人日称“寻孔颜乐处”，究竟孔颜乐处在那里，还是莫明其妙。我们既然诵法孔子，应该好好保存这分“家私”——美妙的人生观——才不愧是圣人之徒啊！

此外，我们国学的第二源泉就是佛教。佛本传于印度，但是盛于中国，现在大乘各派，五印全绝，正法一派全在中国。欧洲人研究佛学的甚多，梵文所有的经典差不多都翻出来，但向梵文里头求大乘，能得多少？我们自创的宗派，更不必论了。像我们的禅宗，真可算得应用的佛教。世间的佛教，的确是印度以外才能发生，的确是表现中国人的特质，叫出世法与入世法并行不悖，他所讲的宇宙精微，的确还在儒家之上。说宇宙流动不居，永无圆满，可说是与儒家相同。曰“一众生不成佛，我誓不成佛”，即孔子立人达人之意。盖宇宙最后目的，乃是求得一大人格实现之圆满相，绝非求得少数个人超拔的意思。

儒佛所略不同的，就是一偏于现世的居多，一偏于出世的居多，至于他的共同目的，都是愿世人精神方面完全自由。现在“自由”二字，误解者不知多少。其实人类外界的束缚，他力的压迫，终有方法解除，最怕的是“心为形役”，自己做自己的奴隶。儒佛都用许多的话来教人，想叫把精神方面的自缚解放净尽，顶天立地，成一个真正自由的人。这点，佛家弘发得更为深透，真可以说佛教是全世界文化的最高产品。这话，东西人士都不能否认。此后全世界受用于此的正多。我们先人既辛苦的为我们创下这分产业，我们自当好好的承受，因为这是人生唯一安身立命之具。有了这种安身立命之具，再来就性之所近的去研究一种学问，那么才算尽了人生的责任。

诸君听了我这夜的演讲，自然明白我们中国文化比世界各国并无逊色，那一般沉醉西风，说中国一无所有的人，自属浅薄可笑。《论语》曰："人虽欲自绝，其何伤于日月乎？多见其不知量也。"这边的诸同学从不对于国学轻下批评，这是很好的现象。自然，我也闻听有许多人讽刺南京学生守旧，但是只要旧的是好，守旧又何足病诟？所以我很愿此次的讲演，更能够多多增进诸君以研究国学的兴味。

第三章

人之生也，与忧患俱来，知其无可奈何，而安之若命

十种德性相反相成义

《中庸》曰：“万物并育而不相害，道并行而不相悖。”大哉言乎！野蛮时代所谓道德者，其旨趣甚简单而常不相容；文明时代所谓道德者，其性质甚繁杂而各呈其用。而吾人所最当研究而受用者，则凡百之道德，皆有一种妙相，即自形质上观之，划然立于反对之两端；自精神上观之，纯然出于同体之一贯者。譬之数学，有正必有负；譬之电学，有阴必有阳；譬之冷热两暗潮，互冲而互调；譬之轻重两空气，相薄而相剂。善学道者，能备其繁杂之性质而利用之，如佛说华严宗所谓相是无碍、相入无碍。苟有得于是，则以之独善其身而一身善，以之兼善天下而天下善。

朱子曰：“教学者如扶醉人，扶得东来西又倒。”凡我辈有志于自治，有志于觉天下者，不可不重念此言也。天下固有绝好之义理，绝好之名目，而提倡之者不得其法，遂以成绝大之流弊者。流弊犹可言也，而因此流弊之故，遂使流俗人口实之，以此义理、此名目为诟病；即热诚达识之士，亦或疑其害多利少而不敢复道。则其于公理之流行，反生阻力，而文明进化之机，为之大窒。庄子曰："其作始也简，其将毕也巨。"可不惧乎？可不慎乎？故我辈讨论公理，必当平其心，公其量，不可徇俗以自画，不可惊世以自喜。徇俗以自画，是谓奴性；惊世以自喜，是谓客气。

吾今者以读书思索之所得，觉有十种德性，其形质相反，其精神相成，而为凡人类所当具有，缺一不可者。今试分别论之：

一、独立与合群

独立者何？不倚赖他力，而常昂然独往独来于世界者也。《中庸》所谓"中立而不倚"，是其义也。人之所以异于禽兽者以此，文明人所以异于野蛮者以此。吾中国所以不成为独立国者，以国民乏独立之德而已。言学问则倚赖古人，言政术则倚赖外国。官吏倚赖君主，君主倚赖官吏。百姓倚赖政府，政府倚赖百姓。乃至一国之人，各各放弃其责任，而惟倚赖之是务。

究其极也，实则无一人之可倚赖者。譬犹群盲偕行，甲扶乙肩，乙牵丙袂，究其极也，实不过盲者依赖盲者。一国腐败，皆根于是。故今日救治之策，惟有提倡独立。人人各断绝倚赖，如孤军陷重围，以人自为战之心，作背城借一之举，庶可以扫拔已往数千年奴性之壁垒，可以脱离此后四百兆奴种之沉沦。今世之言独立者，或曰"拒列强之干涉而独立"，或曰"脱满洲之羁轭而独立"；吾以为不患中国不为独立之国，特患中国今无独立之民。故今日欲言独立，当先言个人之独立，乃能言全体之独立；先言道德上之独立，乃能言形势上之独立。危哉微哉！独立之在我国乎？

合群云者，合多数之独而成群也。以物竞天择之公理衡之，则其合群之力愈坚而大者，愈能占优胜权于世界上，此稍学哲理者所能知也。吾中国谓之为无群乎？彼固庞然四百兆人，经数千年聚族而居者也。不宁惟是，其地方自治之发达颇早，各省中所含小群无数也；同业联盟之组织颇密，四民中所含小群无数也。然终不免一盘散沙之诮者，则以无合群之德故也。合群之德者，以一身对于一群，常肯绌身而就群；以小群对于大群，常肯绌小群而就大群。夫然后能合内部固有之群，以敌外部来侵之群。乃我中国之现状，则有异于是矣。彼不识群义者不必论，即有号称求新之士，日日以合群呼号于天下，而甲地设一会，乙徒立一党，始也互相轻，继也互相妒，终也互相残。其力薄者，旋起旋灭，等于无有；其力强者，且将酿成内讧，为世道忧。此其故，亦非尽出于各人之私心焉，盖国民未有合群之德，欲集无数之不能群者强命为君，有其形质，无其精神也。故今日吾辈所最当讲求者，在养群德之一事。

独与群，对待之名词也。人人断绝倚赖，是倚群毋乃可耻？常绌身而就群，是主独无乃可羞？以此间隙，遂有误解者与托名者之二派出焉。其老朽腐败者，以和光同尘为合群之不二法门，驯至尽弃其独立，阉然以媚于世；其年少气锐者，避奴隶之徽号，乃专以尽排侪辈、惟我独尊为主义。由前之说，是合群为独立之贼；由后之说，是独立为合群之贼。

若是乎两者之终不能并存也。今我辈所亟当说明者有二语，曰独立之反面，依赖也，非合群也；合群之反面，营私也，非独立也。虽人自为战，而军令自联络而整齐，不过以独而扶其群云尔；虽全机运动，而轮轴自分劳而赴节，不过以群而扶其独云尔。苟明此义，则无所容其托，亦不必用其避。譬之物质然，合无数“阿屯”而成一体，合群之义也；每一“阿屯”中，皆具有本体所含原质之全分，独立之义也。若是者，谓之合群之独立。

二、自由与制裁

自由者，权利之表证也。凡人所以为人者有二大要件，一曰生命，二曰权利。二者缺一，时乃非人。故自由者，亦精神界之生命也。文明国民每不惜掷多少形质界之生命，以易此精神界之生命，为其重也。我中国谓其无自由乎？则交通之自由，官吏不禁也；住居行动之自由，官吏不禁也；置管产业之自由，官吏不禁也；信教之自由，官吏不禁也；书信秘密之自由，官吏不禁也；集会、言论之自由，官吏不禁也。（近虽禁其一部分，然比之前世纪法、普、奥等国相去远甚。）

凡各国宪法所定形式上之自由，几皆有之。虽然，吾不敢谓之为自由者何也？有自由之俗，而无自由之德也。自由之德者，非他人所能予夺，乃我自得之而自享之者也。故文明国之得享用自由也，其权非操诸官吏，而常采诸国民。中国则不然，今所以幸得此习俗之自由者，恃官吏之不禁耳，一旦有禁之者，则其自由可以忽消灭而无复踪影。而官吏之所以不禁者，亦非专重人权在而不敢禁也，不过其政术拙劣，其事务废弛，无暇及此云耳。官吏无日不可以禁，自由无日不可以亡，若是者谓之奴隶之自由。若夫思想自由，为凡百自由之母者，则政府不禁之，而社会自禁之。以故吾中国四万万人，无一可称完人者，以其仅有形质界之生命，而无精神界之生命也。故今日欲救精神界之中国，舍自由美德外，其道无由！

制裁云者，自由之对待也。有制裁之主体，则必有服从之客体。既曰服从，尚得为有自由乎？顾吾尝观万国之成例，凡最尊自由权之民族，恒即为最富于制裁力之民族。其故何哉？自由之公例曰："人人自由，而以不侵人之自由为界。"制裁者，制此界也；服从者，服此界也。故真自由之国民，其常要服从之点有三：一曰服从公理，二曰服从本群所自定之法律，三曰服从多数之决议。是故文明人最自由，野蛮人亦最自由，自由等也，而文野之别，全在其有制裁力与否。无制裁之自由，群之贼也；有制裁之自由，群之宝也。童子未及年，不许享有自由权者，为其不能自治也，无制裁也。国民亦然，苟欲享有完全之自由权，不可不先组织巩固之自治制。而文明程度愈高者，其法律常愈繁密，而其服从法律之义务亦常愈严整，几于见有制裁不见有自由。而不知其一群之中，无一能侵他人自由之人，即无一被人侵我自由之一，是乃所谓真自由也。

不然者，妄窃一二口头禅语，暴戾恣睢，不服公律，不顾公益，而漫然号于众曰：“吾自由也。”则自由之祸，将烈于洪水猛兽矣。昔美国一度建设共和政体，其基础遂确乎不拔，日益发达，继长增高，以迄今日；法国则自一七八九年大革命以后，君民两党，互起互仆，垂半世纪余，而至今民权之盛犹不及英美者，则法兰西民族之制裁力，远出英吉利民族之下故也。然则自治之德不备，而徒漫言自由，是将欲急之，反以缓之；将欲利之，反以害之也。故自由与制裁二者，不惟不相悖而已，又乃相待而成，不可须臾离。言自由主义者，不可不于此三致意也。

三、自信与虚心

自信力者，成就大业之原也。西哲有言曰：“凡人皆立于所欲立之地，是故欲为豪杰，则豪杰矣；欲为奴隶，则奴隶矣。”孟子曰：“自谓不能者，自贼者也。”又曰：“自暴者不可与有言也，自弃者不可与有为也。”天下人固有识想与议论过绝寻常，而所行事不能有益于大局者，必其自信力不足者也。有初时持一宗旨，任一事业，及为外界毁誉之所刺激，或半途变更废止，不能达其目的地者，必其自信力不足者也。

居今日之中国，上之不可不冲破二千年顽谬之学理，内之不可不鏖战四百兆群盲之习俗，外之不可不对抗五洲万国猛烈侵略、温柔笼络之方策，非有绝大之气魄，绝大之胆量，何能于此四面楚歌中，打开一条血路，以导我国民于新世界者乎？伊尹曰：“余天民之先觉者也，余将以斯道觉斯民也，非余觉之而谁也？”孟子曰：“夫天未欲平治天下也，如欲平治天下，当今之世，舍我其谁也？”抑何其言之大而夸欤，自信则然耳！故我国民而自以为国权不能保，斯不能保矣；若人人以自信力奠定国权，强邻孰得而侮之？国民而自以为民权不能兴，斯不能兴矣；若人人以自信力夺争民权，民贼孰得而压之？而欲求国民全体之自信力，必先自志士仁人之自信力始！

或问曰：吾见有顽锢之辈，抱持中国一二经典古义，谓可以攘斥外国陵铄全球者，若是者非其自信力乎？吾见有少年学子，摭拾一二新理新说，遂自以为足，废学高谈，目空一切者，若是者非其自信力乎？由前之说，则中国人中富于自信力者，莫如端王、刚毅；由后之说，则如格兰斯顿之耄而向学，奈端之自视欿[1]然，非其自信力之有不足乎？曰：恶，是何言欤！自信与虚心，相反而相成者也。人之能有自信力者，必其气象阔大，其胆识雄远，既注定一目的地，则必求贯达之而后已。而当其始之求此目的地也，必校群长以择之；其继之行此目的地也，必集群力以图之。故愈自重者愈不敢轻薄天下人，愈坚忍者愈不敢易视天下事。海纳百川，任重致远，殆其势所必然也。彼故见自封、一得自喜者，是表明其器小易盈之迹于天下。如河伯之见海若，终必望洋而气沮；如辽豕之到河东，卒乃怀惭而不前；未见其自信力之

[1] 欿：音 kǎn，自视欿然即自觉仍有缺陷，不自满。

能全始全终者也。

故自信与骄傲异：自信者常沉着，而骄傲者常浮扬；自信者在主权，而骄傲者在客气。故豪杰之士，其取于人者，常以“三人行必有我师”为心；其立于己者，常以百世俟圣而不惑为鹄。夫是之谓虚心之自信。

四、利己与爱他

为我也，利己也，私也，中国古义以为恶德者也。是果恶德乎？曰：恶，是何言！天下之道德法律，未有不自利己而立者也。对于禽兽而倡自贵知类之义，则利己而已，而人类之所以能主宰世界者赖是焉；对于他族而倡爱国保种之义，则利己而已，而国民之所以能进步繁荣者赖是焉。故人而无利己之思想者，则必放弃其权利，弛掷其责任，而终至于无以自立。彼芸芸万类，平等竞存于天演界中，其能利己者必优而胜，其不能利己者必劣而败，此实有生之公例矣。西语曰：“天助自助者。”故生人之大患，莫甚于不自助而望人之助我，不自利而欲人之利我。

夫既谓人矣，则安有肯助我而利我者乎？又安有能助我而利我者乎？国不自强而望列国之为我保全，民不自治而望君相之为我兴革，若是者，皆缺利己之德而已。昔中国杨朱以“为我”立教，曰：“人人不拔一毫，人人不利天下，天下治矣。”吾昔甚疑其言，甚恶其言，及解英德诸国哲学大家之书，其所标名义与杨朱吻合者，不一而足；而其理论之完备，实有足以助人群之发达，进国民之文明者。盖西国政治之基础，在于民权，而民权之巩固，由于国民竞争权利，寸步不肯稍让，即以人人不拔一毫之心以自利者利天下。观于此，然后知中国人号称利己心重者，实则非真利己也。苟其真利己，何以他人剥夺己之权利，握制己之生命，而恬然安之，恬然让之，曾不以为意也？故今日不独发明墨翟之学足以救中国，即发明杨朱之学亦足以救中国。

问者曰：然则爱他之义，可以吐弃乎？曰：是不然。利己心与爱他心，一而非二者也。近世哲学家，谓人类皆有两种爱己心：一本来之爱己心，二变相之爱己心。变相之爱己心者，即爱他心是也。凡人不能以一身而独立于世界也，于是乎有群。其处于一群之中而与俦侣共营生存也，势不能独享利益而不顾俦侣之有害与否，苟或尔尔，则己之利未见而害先睹矣。

故善能利己者，必先利其群，而后己之利亦从而进焉。以一家论，则我之家兴，我必蒙其福，我之家替，我必受其祸；以一国论，则国之强也，生长于其国者罔不强，国之亡也，生长于其国者罔不亡。故真能爱己者，不得不推此心以爱家、爱国，不得不推此心以爱家人、爱国人，于是乎爱他之义生焉。凡所以爱他者，亦为我而已。故苟深明二者之异名同源，固不必侈谈“兼爱”以为名高，亦不必讳言“为我”以自欺蔽。但使举利己之实，自然成为爱他之行；充爱他之量，自然能收利己之效。

五、破坏与成立

破坏亦可谓之德乎？破坏犹药也。药所以治病，无病而药，则药之害莫大；有病而药，则药之功莫大。故论药者，不能泛论其性之良否，而必以其病之有无与病药二者相应与否，提而并论，然后药性可得而言焉。破坏本非德也，而无如往古来今之世界，其蒙垢积污之时常多，非时时摧陷廓清之，则不足以进步，于是而破坏之效力显焉。今日之中国，又积数千年之沉疴，合四百兆之痼疾，盘踞膏肓，命在旦夕者也。非去其病，则一切调摄、滋补、荣卫之术，皆无所用。故破坏之药，遂成为今日第一要件，遂成为今日第一美德！世有深仁博爱之君子，惧破坏之剧且烈也，于是窃窃然欲补苴而幸免之。

吾非不惧破坏，顾吾尤惧夫今日不破坏，而他日之破坏终不可免，且愈剧而愈烈也。故与其听彼自然之破坏而终不可救，无宁加以人为之破坏而尚可有为。自然之破坏者，即以病致死之喻也；人为之破坏者，即以药攻病之喻也。故破坏主义之在今日，实万无可避者也。《书》曰："若药不瞑眩，厥疾不瘳。"西谚曰："文明者非徒购之以价值而已，又购之以苦痛。"破坏主义者，实冲破文明进步之阻力，扫荡魑魅魍魉之巢穴，而救国救种之下手第一著也。处今日而犹惮言破坏者，是毕竟保守之心盛，欲布新而不欲除旧，未见其能济者也。

破坏之与成立，非不相容乎？曰：是不然。与成立不相容者，自然之破坏也；与成立两相济者，人为之破坏也。吾辈所以汲汲然倡人为之破坏者，惧夫委心任运听其自腐自败，而将终无成立之望也，故不得不用破坏之手段以成立之。凡所以破坏者，为成立也，故持破坏主义者，不可不先认此目的。苟不尔，则满朝奴颜婢膝之官吏，举国醉生梦死之人民，其力自足以任破坏之役而有余，又何用我辈之汲汲为也？故今日而言破坏，当以不忍人之心，行不得已之事。彼法国十八世纪末叶之破坏，所以造十九世纪近年之成立也；彼日本明治七八年以前之破坏，所以造明治二十三年以后之成立也。破坏乎，成立乎，一而二、二而一者也。虽然，天下事成难于登天，而败易于下海。故苟不案定目的，而惟以破坏为快心之具，为出气之端，恐不免为无成立之破坏。譬之药不治病，而徒以速死，将使天下人以药为诟，而此后讳疾忌医之风将益炽。是亦有志之士不可不戒者也！

结论

呜呼，老朽者不足道矣！今日以天下自任而为天下人所属望者，实惟中国之少年。我少年既以其所研究之新理新说公诸天下，将以一洗数千年之旧毒，甘心为四万万人安坐以待亡国者之公敌，则必毋以新毒代旧毒，毋使敌我者得所口实，毋使旁观者转生大惑，毋使后来同志者反因我而生阻力。然则其道何由？亦曰：知有合群之独立，则独立而不轧轹；知有制裁之自由，则自由而不乱暴；知有虚心之自信，则自信而不骄盈；知有爱他之利己，则利己而不偏私；知有成立之破坏，则破坏而不危险。所以治身之道在是，所以救国之道亦在是！天下大矣，前途远矣，行百里者半九十，是在少年！是在吾党！

论公德

我国民所最缺者，公德其一端也。公德者何？人群之所以为群，国家之所以为国，赖此德焉以成立者也。人也者，善群之动物也（此西儒亚里士多德之言）。人而不群，禽兽奚择。而非徒空言高论曰群之群之，而遂能有功者也；必有一物焉贯注而联络之，然后群之实乃举，若此者谓之公德。

道德之本体一而已，但其发表于外，则公私之名立焉。人人独善其身者谓之私德，人人相善其群者谓之公德，二者皆人生所不可缺之具也。无私德则不能立，合无量数卑污虚伪残忍愚懦之人，无以为国也；无公德则不能团，虽有无量数束身自好、廉谨良愿之人，仍无以为国也。

吾中国道德之发达，不可谓不早，虽然，偏于私德，而公德殆阙如。试观《论语》《孟子》诸书，吾国民之木铎，而道德所从出者也。其中所教，私德居十之九，而公德不及其一焉。如《皋陶谟》之九德；《洪范》之三德；《论语》所谓温良恭俭让，所谓克己复礼，所谓忠信笃敬，所谓寡尤寡悔，所谓刚毅木讷，所谓知命知言；《大学》所谓知止慎独，戒欺求慊；《中庸》所谓好学力行知耻，所谓戒慎恐惧，所谓致曲；《孟子》所谓存心养性，所谓反身强恕，凡此之类，关于私德者发挥几无余蕴，于养成私人（私人者对于公人而言，谓一个人不与他人交涉之时也。）之资格，庶乎备矣。虽然，仅有私人之资格，遂足为完全人格乎？是固不能。

今试以中国旧伦理，与泰西新伦理相比较：旧伦理之分类，曰君臣，曰父子，曰兄弟，曰夫妇，曰朋友；新伦理之分类，曰家族伦理，曰社会（即人群）伦理，曰国家伦理。旧伦理所重者，则一私人对于一私人之事也；（一私人之独善其身，固属于私德之范围，即一私人与他私人交涉之道义，仍属于私德之范围也，此可以法律上公法、私法之范围证明之。）新伦理所重者，则一私人对于一团体之事也。（以新伦理之分类，归纳旧伦理，则关于家族伦理者三：父子也，兄弟也，夫妇也；关于社会伦理者一：朋友也；关于国家伦理者一：君臣也。然朋友一伦，决不足以尽社会伦理；君臣一伦，尤不足以尽国家伦理。何也？凡人对于社会之义务，决不徒在相知之朋友而已，即绝迹不与人交者，仍于社会上有不可不尽之责任。至国家者，尤非君臣所能专有，若仅言君臣之义，则使以礼，事以忠，全属两个私人感恩效力之事耳，于大体无关也。将所谓逸民不事王侯者，岂不在此伦范围之外乎？夫人必备此三伦理之义务，然后人格乃成。若中国之五伦，则惟于家族伦理稍为完整，至社会、国家伦理，不备滋多。此缺憾之必当补者也，皆由重私德轻公德所生之结果也。）夫一私人之所以自处，与一私人之对于他私人，其间必贵有道德者存，此奚待言！虽然，此道德之一部分，而非其全体也。全体者，合公私而兼善之者也。

私德公德，本并行不悖者也。然提倡之者既有所偏，其末流或遂至相妨。若微生亩讥孔子以为佞，公孙丑疑孟子以好辨，此外道浅学之徒，其不知公德，不待言矣；而大圣达哲，亦往往不免。吾今固不欲摭拾古人片言只语有为而发者，摘之以相诟病。要之，吾中国数千年来，束身寡过主义，实为德育之中心点。范围既日缩日小，其间有言论行事出此范围外，欲为本群本国之公利公益有所尽力者，彼曲士贱儒，动辄援“不在其位，不谋其政”等偏义，以非笑之、挤排之。谬种流传，习非胜是，而国民益不复知公德为何物！今夫人之生息于一群也，安享其本群之权利，即有当尽于其本群之义务；苟不尔者，则直为群之蠹而已。彼持束身寡过主义者，以为吾虽无益于群，亦无害于群，庸讵知无益之即为害乎！何则？

群有以益我，而我无以益群，是我逋群之负而不偿也。夫一私人与他私人交涉，而逋其所应偿之负，于私德必为罪矣，谓其害之将及于他人也。而逋群负者，乃反得冒善人之名，何也？使一群之人，皆相率而逋焉，彼一群之血本，能有几何？而此无穷之债客，日夜蠹蚀之而瓜分之，有消耗，无增补，何可长也！然则其群必为逋负者所拽倒，与私人之受累者同一结果，此理势之所必然矣。今吾中国所以日即衰落者，岂有他哉，束身寡过之善士太多，享权利而不尽义务，人人视其所负于群教员如无有焉，人虽多，曾不能为群之利，而反为群之累，夫安得不日蹙也！

父母之于子也，生之育之，保之教之，故为子者有报父母恩之义务。人人迟此义务，则子愈多者，父母愈顺，家族愈昌；反是则为家之索矣。故子而逋父母之负者，谓之不孝，此私德上第一大义；尽人能知者也。群之于人也，国家之于国民也，其恩与父母同。

盖无群无国，则吾性命财产无所托，智慧能力无所附，而此身将不可以一日立于天地。故报群报国之义务，有血气者所同具也。苟放弃此责任者，无论其私德上为善人、为恶人，而皆为群与国之蝥贼。譬诸家有十子，或披剃出家，或博弈饮酒，虽一则求道，一则无赖，其善恶之性质迥殊，要之不顾父母之养，为名教罪人则一也。明乎此义，则凡独善其身以自足者，实与不孝同科。案公德以审判之，虽谓其对于本群而犯大逆不道之罪，亦不为过。

某说部寓言，有官吏死而冥王案治其罪者，其魂曰："吾无罪，吾作官甚廉。"冥王曰："立木偶于庭，并水不饮，不更胜君乎！于廉之外一无所闻，是即君之罪也。"遂炮烙之。欲以束身寡过为独一无二之善德者，不自知其已陷于此律而不容赦也。近世官箴，最脍炙人口者三字，曰清、慎、勤。夫清、慎、勤，岂非私德之高尚者耶？虽然，彼官吏者受一群之委托而治事者也，既有本身对于群之义务，复有对于委托者之义务，曾是清、慎、勤三字，遂足以塞此两重责任乎？此皆由知有私德，不知有公德。故政治之不进，国华之日替，皆此之由。彼官吏之立于公人地位者且然，而民间一私人更无论也。我国民中无一人视国事如己事者，皆公德之大义未有发明故也。

且论者亦知道德所由起乎？道德之立，所以利群也。故因其群文野之差等，而其所适宜之道德，亦往往不同，而要之，以能固其群、善其群、进其群者为归。夫英国宪法，以侵犯君主者为大逆不道（各君主国皆然）；法国宪法，以谋立君主者为大逆不道；美国宪法，乃至以妄立贵爵名号者为大逆不道（凡违宪者皆大逆不道也）。其道德之外形相反如此，至其精神则一也。一者何？曰：为一群之公益而已。乃至古代野蛮之人，或以妇女公有为道德，（一群中之妇女为一群中之男子所公有物，无婚姻之制也。古代斯巴达尚不脱此风。）或以奴隶非人为道德，（视奴隶不以人类，古贤柏拉图、阿里士多德皆不以为非；南北美战争以前，欧美人不以此事为恶德也。）而今世哲学家，犹不能谓其非道德。

盖以彼当时之情状所以利群者，惟此为宜也。然则道德之精神，未有不自一群之利益而生者，苟反于此精神，虽至善者，时或变为至恶矣。（如自由之制，在今日为至美，然移之于野蛮未开之群，则为至恶；专制之治，在古代为至美，然移之于文明开化之群，则为至恶。是其例证也。）是故公德者，诸国之源也，有益于群者为善，无益于群者为恶，（无益而有害者为大恶，无害亦无益者为小恶。）此理放诸四海而准，俟诸百世而不惑者也。至其道德之外形，则随其群之进步以为比例差，群之文野不同，则其所以为利益者不同，而其所以为道德者亦自不同。

德也者，非一成而不变者也，（吾此言颇骇俗，但所言者德之条理，非德之本原，其本原固亘万古而无变者也。读者幸勿误会。本原惟何？亦曰利群而已。）非数千年前之古人能立一定格式，以范围天下万世者也。（私德之条目，变迁较少，公德之条目，变迁尤多。）然则吾辈生于此群，生于此群之今日，宜纵观宇内之大势，静察吾族之所宜，而发明一种新道德，以求所以固吾群、善吾群、进吾群之道，未可以前王先哲所罕言者，遂以自画而不敢进也。

知有公德，而新道德出焉矣，而新民出焉矣！（今世士夫谈维新者，诸事皆敢言新，惟不敢言新道德，此由学界之奴性未去，爱群、爱国、爱真理之心未诚也。盖以为道德者，日月经天，江河行地，自无始以来，不增不减，先圣昔贤，尽揭其奥，以诏后人，安有所谓新焉旧焉者。殊不知，道德之为物，由于天然者半，由于人事者亦半；有发达有进步，一循天演之大例。前哲不生于今日，安能制定悉合今日之道德？使孔孟复起，其不能不有所损益也亦明矣。今日正当过渡时代，青黄不接，前哲深微之义，或湮没而未彰，而流俗相传简单之道德，势不足以范围今后之人心，且将有厌其陈腐而一切吐弃之者。吐弃陈腐，犹可言也，若并道德而吐弃，则横流之祸，曷其有极！今此祸已见端矣。老师宿儒，或忧之，劬劬焉欲持宋元之余论以遏其流，岂知优胜劣败，固无可逃，捧抔土以塞孟津，沃杯水以救薪火，虽竭吾才，岂有当焉。苟不及今急急斟酌古今中外，发明一种新道德者而提倡之，吾恐今后智育愈盛，则德育愈衰，泰西物质文明尽输入中国，而四万万入且相率而为禽兽也。呜呼！道德革命之论，吾知必为举国之所诟病，顾吾特恨吾才之不逮耳，若夫与一世之流俗人挑战决斗，吾所不惧，吾所不辞。世有以热诚之心爱群、爱国、爱真理者乎？吾愿为之执鞭，以研究此问题也。）公德之大目的，既在利群，而万千条理即由是生焉。

本论以后各子目，殆皆可以“利群”二字为纲，以一贯之者也。故本节但论公德之急务，而实行此公德之方法，则别著于下方。

论进步

——又名论中国群治不进之原因

泰西某说部载有西人初航中国者，闻罗盘针之术之传自中国也，又闻中国二千年前即有之也，默付此物入泰西，不过数纪，而改良如彼其屡，效用如彼其广，则夫母国数千年之所增长，当更何若？登岸后不遑他事，先入市购一具，乃问其所谓最新式者，则与历史读本中载十二世纪时亚剌伯人传来之罗盘图，无累黍之异，其人乃废然而返云。此虽讽刺之寓言，实则描写中国群治濡滞之状，谈言微中矣。

吾昔读黄公度《日本国志》，好之，以为据此可以尽知东瀛新国之情状矣，入都见日使矢野龙谿，偶论及之，龙谿曰："是无异据《明史》以言今日中国之时局也。"余怫然，叩其说，龙谿曰："黄书成于明治十四年，我国自维新以来，每十年间之进步，虽前此百年不如也，然则二十年前之书，非《明史》之类而何。"吾当时犹疑其言，东游以来，证以所见，良信。斯密亚丹《原富》称："元代时有意大利人玛可波罗游支那，归而著书，述其国情，以较今人游记，殆无少异。"吾以为岂惟玛氏之作，即《史记》《汉书》二千年旧藉，其所记载，与今日相去能几何哉？夫同在东亚之地，同为黄族之民，而何以一进一不进，霄壤若此？

中国人动言郅治之世在古昔，而近世则为浇末，为叔季，此其义与泰西哲学家进化之论最相反。虽然，非谰言也，中国之现状实然也。试观战国时代，学术蠭起，或明哲理，或阐技术，而后此则无有也；两汉时代，治具粲然，宰相有责任，地方有乡官，而后此则无有也；自馀百端，类此者不可枚举。夫进化者天地之公例也，譬之流水，性必就下，譬之抛物，势必向心，苟非有他人焉从而博之，有他物焉从而吸之，则未有易其故常者。然则吾中国之反于彼进化之大例，而演出此凝滞之现象者，殆必有故，求得其故而讨论焉，发明焉，则知病而药于是乎在矣。

论者必曰："由于保守性质之太强也。"是固然也，虽然，吾中国人保守性质何以独强，是亦一未解决之问题也。且英国人以善保守闻于天下，而万国进步之速，殆莫英若，又安见夫保守之必为群害也。吾思之，吾重思之，其原因之由于天然者有二，由于人事者有三：

一曰大一统而竞争绝也：竞争为进化之母，此义殆既成铁案矣。泰西当希腊列国之时，政学皆称极盛；洎罗马分裂，散为诸国，复成近世之治，以迄于今，皆竞争之明效也。夫列国并立，不竞争则无以自存。其所竞者，非徒在国家也，而兼在个人。非徒在强力也，而尤在德智。分途并趋，人自为战，而进化遂沛然莫之能御。故夫一国有新式枪炮出，则他国弃其旧者恐后焉，非是不足以操胜于疆场也；一厂有新式机器出，则他厂亦弃其旧者恐后焉，非是不足以求赢于阛阓也。惟其然也，故不徒耻下人，而常求上人，昨日乙优于甲，今日丙驾于乙，明日甲还胜丙，互相傲，互相妒，互相师，如赛马然，如斗走然，如竞漕然，有横于前，则后焉者自不敢不勉，有蹑于后，则前焉者亦不敢即安，此实进步之原动力所由生也。中国惟春秋、战国数百年间分立之运最久，而群治之进，实以彼时为极点；自秦以后，一统局成，而为退化之状者，千余年于今矣。岂有他哉？竞争力销乏使然也。

二曰环蛮族而交通难也：凡一社会与他社会相接触，则必产出新现象，而文明遂进一步，上古之希腊殖民，近世之十字军东征，皆其成例也。然则统一非必为进步之障也，使统一之于内，而交通之于外，则其飞跃或有更速者也。中国环列皆小蛮夷，其文明程度，无一不下我数等，一与相遇，如汤沃雪，纵横四顾，常觉有天上地下唯我独尊之概，始而自信，继而自大，终而自画。至于自画，而进步之途绝矣。不宁惟是，所谓诸蛮族者，常以其牛羊之力，水草之性，来破坏我文明，于是所以抵抗之者，莫急于保守我所固有，中原文献，汉官威仪，实我黄族数千年来战胜群裔之精神也。夫外之既无可师法以为损益之资，内之复不可不兢兢保持以为自守工具，则其长此终古也亦宜。

以上由于天然者。

三曰言文分而人智局也：文字为发明道器第一要件，其繁简难易，常与民族文明程度之高下为比例差。列国文字，皆起于衍形，及其进也，则变而衍声。夫人类之语言递相差异，经千数百年后而必大远于其朔者，势使然也。故衍声之国，言文常可以相合；衍形之国，言文必日以相离。社会之变迁日繁，其新现象新名词必日出，或从积累而得，或从交换而来，故数千年前一乡、一国之文字，必不能举数千年后万流汇沓、群族纷拏时代之名物意境而尽载之，尽描之，此无可如何者也。言文合，则言增而文与之俱增，一新名物新意境出，而即有一新文字以应之，新新相引而日进焉。言文分，则言日增而文不增，或受其新者而不能解，或解矣而不能达，故虽有方新之机，亦不得不窒。其为害一也。

言文合，则但能通今文者，已可得普通之智识，其古文之学，如泰西之希腊罗马文字。待诸专门名家者之讨求而已，故能操语者即能读书，而人生必需之常识，可以普及。言文分，则非多读古书通古义，不足以语于学问。故近数百年来学者，往往瘁毕生精力于《说文》《尔雅》之学，无余裕以从事于实用，夫亦有不得不然者也。其为害二也。

且言文合而主衍声者，识其二三十之字母，通其连缀之法则，望文而可得其音，闻音而可解其义。言文分而主衍形者，则《苍颉篇》三千字，斯为字母者三千，《说文》九千字，斯为字母者九千，《康熙字典》四万字，斯为字母者四万，夫学二三十之字母与学三千、九千、四万之字母，其难易相去何如？故泰西、日本妇孺可以操笔札，车夫可以读新闻。而吾中国或有就学十年，而冬烘之头脑如故也。其为害三也。

夫群治之进，非一人所能为也，相摩而迁善，相引而弥长，得一二之特识者，不如得百千万亿之常识者，其力逾大而效逾彰也。我国民既不得不疲精力以学难学之文字，学成者固不及什一，即成矣，而犹于当世应用之新事物新学理，多所隔阂，此性灵之濬发所以不锐，而思想之传播所以独迟也。

四曰专制久而民性漓也：天生人而赋之以权利，且赋之以扩充此权利之智识，保护此权利之能力，故听民之自由焉，自治焉，则群治必蒸蒸日上；有桎梏之、戕贼之者，始焉窒其生机，继焉失其本性，而人道乃几乎息矣。故当野蛮时代，团体未固，人智未完，有一二豪杰起而代其责，任其劳，群之利也。过是以往，久假不归，则利岂足以偿其弊哉？譬之一家一廛之中，家长之待其子弟，廛主之待其伴佣，皆各还其权利而不相侵，自能各勉其义务而不相佚，如是而不浡焉以兴，吾未之闻也。不然者，役之如奴隶，防之如盗贼，则彼亦以奴隶、盗贼自居，有可以自逸、可以自利者，虽牺牲其家其廛之公益以为之，所不辞也，如是而不萎焉以衰，吾未之闻也。

故夫中国群治不进，由人民不顾公益使然也；人民不顾公益，由自居于奴隶、盗贼使然也；其自居于奴隶、盗贼，由霸者私天下为一姓之产，而奴隶、盗贼吾民使然也。善夫立宪国之政党政治也，彼其党人，固非必皆秉公心、禀公德也，固未尝不自为私名、私利计也。虽然，专制国之求势利者，则媚于一人，立宪国之求势利者，则媚于庶人。媚一也，而民益之进不进，于此判焉。政党之治，凡国必有两党以上，其一在朝，其他在野，在野党欲倾在朝党而代之也，于是自布其政策，以掊击在朝党之政策，曰使吾党得政，则吾所施设者如是如是，某事为民除公害，某事为民增公益。

民悦之也，而得占多数于议院，而果与前此之在朝党易位，则不得不实行其所布之政策，以副民望而保大权，而群治进一级焉矣。前此之在朝党，既幡而在野，欲恢复其已失之权力也，又不得不勤察民隐，悉心布画，求更新更美之政策而布之曰：彼党之所谓除公害、增公益者，犹未尽也。使吾党而再为之，则将如是如是，然后国家之前途愈益向上。民悦之也，而复占多数于议院，复与代兴之在朝党易位，而亦不得不实行其所布之政策，以副民望而保大权，而群治又进一级焉矣。如是相竞相轧，相增相长，以至无穷，其竞愈烈者，则其进愈速，欧美各国政治迁移之大势，大率由此也。是故无论其为公也，即为私焉，而其有造于国民固已大矣。

若夫专制之国，虽有一二圣君贤相，徇公废私，为国民全体谋利益，而一国之大，鞭长难及，其泽之真能遍逮者，固已希矣。就令能之，而所谓圣君贤相者，旷百世不一遇，而桓、灵、京、桧，项背相望于历史，故中国常语称一治一乱，又曰治日少而乱日多，岂无萌蘖，其奈此连番之狂风横雨何哉？进也以寸，而退也以尺，进也以一，而退也以十，所以历千百年而每下愈况也。

五曰学说隘而思想窒也：凡一国之进步，必以学术思想为之母，而风俗政治皆其子孙也。中国惟战国时代，九流杂兴，道术最广，自有史以来，黄族之名誉，未有盛于彼时者也。秦、汉而还，孔教统一。夫孔教之良，固也。虽然，必强一国人之思想使出于一途，其害于进化也莫大。自汉武表章六艺，罢黜百家，凡非在六艺之科者绝勿进，尔后束缚驰骤，日甚一日，虎皮羊质，霸者假之以为护符，社鼠城狐，贱儒缘之以谋口腹，变本加厉，而全国之思想界消沉极矣。叙欧洲史者，莫不以中世史为黑暗时代。夫中世史则罗马教权最盛之时也，举全欧人民，其躯壳界，则糜烂于专制君主之暴威，其灵魂界则匍伏于专制教主之缚轭，故非惟不进，而以较希腊、罗马之盛时，已一落千丈强矣。今试读吾中国秦汉以后之历史，其视欧洲中世史何如？吾不敢怨孔教，而不得不深恶痛绝夫缘饰孔教、利用孔教、诬罔孔教者之自贼而贼国民也。

以上由于人事者。

夫天然之障，非人力所能为也，而世界风潮之所簸荡所冲激，已能使吾国一变其数千年来之旧状。进步乎！进步乎！当在今日矣！虽然，所变者外界也，非内界也。内界不变，虽日烘动之鞭策之于外，其进无由。天下事无无果之因，亦无无因之果，我辈积数千年之恶因，以受恶果于今日，有志世道者，其勿遽责后此之果，而先改良今日之因而已。

新民子曰：吾不欲复作门面语，吾请以古今万国求进步者，独一无二不可逃避之公例，正告我国民。其例维何？曰破坏而已。

不祥哉！破坏之事也！不仁哉！破坏之言也！古今万国之仁人志士，苟非有所万不得已，岂其好为傀诡凉薄，愤世嫉俗，快一时之意气，以事此事而言此言哉？盖当夫破坏之运之相迫也，破坏亦破坏，不破坏亦破坏，破坏既终不可免，早一日则受一日之福，迟一日则重一日之害。早破坏者，其所破坏不可以较少，而所保全者自多；迟破坏者，其所破坏得不益甚，而所保全者弥寡。用人力以破坏者，为有意识之破坏，则随破坏随建设，一度破坏，而可以永绝第二次破坏之根，故将来之乐利，可以偿目前之苦痛而有余；听自然而破坏者，为无意识之破坏，则有破坏无建设，一度破坏之不已而至于再，再度不已而至于三，如是者可以历数百年千年，而国与民交受其病，至于鱼烂而自亡。呜呼！痛矣哉破坏！呜呼！难矣哉不破坏！

闻者疑吾言乎？吾请与读中外之历史。中古以前之世界，一脓血世界也。英国号称近世文明先进国，自一千六百六十年以后，至今二百余年无破坏。其所以然者，实自长期国会之一度六破坏来也；使其惮破坏，则安知乎后此之英国，不为十八世纪末之法兰西也。

美国自一千八百六十五年以后，至今五十余年无破坏，其所以然者，实自抗英独立、放奴战争之两度大破坏来也；使其惮破坏，则安知乎后此之美国，不为今日之秘鲁、智利、委内瑞辣、亚尔然丁也。

欧洲大陆列国，自一千八百七十年以后，至今三十余年无破坏，其所以然者，实自法国大革命以来，绵亘七八十年空前绝后之大破坏来也；使其惮破坏，则安知乎今日之日耳曼、意大利不为波兰，今日之匈牙利及巴干半岛诸国不为印度，今日之奥大利不为埃及，今日之法兰西不为畴昔之罗马也。

日本自明治元年以后，至今三十余年无破坏，其所以然者，实自勤王讨幕、废藩置县之一度大破坏来也；使其惮破坏，则安知乎今日之日本，不为朝鲜也。夫吾所谓二百年来、五十年来、三十年来无破坏云者，不过断自今日言之耳。其实则此诸国者，自今以往，虽数百年千年无破坏，吾所敢断言也。何也？凡破坏必有破坏之根原。孟德斯鸠曰："专制之国，其君相动曰辑和万民，实则国中常隐然含有扰乱之种子，是苟安也之一度大破坏，取此种子芟夷蕴崇之，绝其本根而勿使能殖也。"

故夫诸国者，自今以往，苟其有金革流血之事，则亦惟以国权之故，构兵于域外，容或有之耳，若夫国内相阋糜烂鼎沸之惨剧，吾敢决其永绝而与天地长久也。今我国所号称识时俊杰，莫不艳羡乎彼诸国者，其群治之光华美满也如彼，其人民之和亲康乐也如彼，其政府之安富尊荣也如彼，而乌知乎皆由前此之仁人志士，挥破坏之泪，绞破坏之脑，敝破坏之舌，秃破坏之笔，沥破坏之血，填破坏之尸，以易之者也。呜呼！快矣哉破坏！呜呼！仁矣哉破坏！

此犹仅就政治一端言之耳，实则人群中一切事事物物，大而宗数、学术、思想、人心、风俗，小而文艺、技术、名物，何一不经过破坏之阶级以上于进步之途也？故路得破坏旧宗教而新宗教乃兴，倍根、笛卡儿破坏旧哲学而新哲学乃兴，斯密破坏旧生计学而新生计学乃兴，卢梭破坏旧政治学而新政治学乃兴，孟德斯鸠破坏旧法律学而新法律学乃兴，歌白尼破坏旧历学而新历学乃兴，推诸凡百诸学，莫不皆然。而路得、倍根、笛卡儿、斯密、卢梭、孟德斯鸠、歌白尼之后，复有破坏路得、倍根、笛卡儿、斯密、卢梭、孟德斯鸠、歌白尼者，其破坏者，复有踵起而破坏之者，随破坏，随建设，甲乙相引，而进化之运，乃递衍于无穷。

凡以铁以血而行破坏者，破坏一次，则伤元气一次，故真能破坏者，则一度之后，不复再见矣。以脑以舌而行破坏者，虽屡摧弃旧观，只受其利，而不蒙其害，故破坏之事无穷，进步之事亦无穷。又如机器兴而手民之利益不得不破坏，轮舶兴而帆樯之利益不得不破坏，铁路、电车兴而车马之利益不得不破坏，公司兴而小资本家之利益不得不破坏，“托辣士特”（Trust）兴而寻常小公司之利益不得不破坏。当其过渡迭代之顷，非不酿妇叹童号之惨，极棼乱杌陧之观也；及建设之新局既定，食其利者乃在国家，乃在天下，乃在百年，而前此蒙破坏之损害者，亦往往于直接间接上得意外之新益。善夫！西人之恒言曰：“求文明者，非徒须偿其价值而已，而又须忍其苦痛。”夫全国国民之生计，为根本上不轻摇动者，而当夫破坏之运之相代乎前也，犹且不能恤小害以掷大利，而况于害有百而利无一者耶？

故夫欧洲各国自宗教改革后，而教会教士之利益被破坏也；自民立议会后，而暴君豪族之利益被破坏也；英国改正选举法，千八百三十二年。而旧选举区之特别利益被破坏也；美国布禁奴令，千八百六十五年。而南部素封家之利益被破坏也。此与吾中国之废八股，而八股家之利益破坏；革胥吏，而胥吏之利益破坏；改官制，而宦场之利益破坏，其事正相等。彼其所谓利者，乃偏毗于最少数人之私利，而实则陷溺大多数人之公敌也。谚有之："一家哭何如一路哭。"于此而犹曰不破坏不破坏，吾谓其无人心矣。夫中国今日之事，何一非蠹大多数人而陷溺之者耶？而八股、胥吏、官制其小焉者也。

欲行远者不可不弃其故步，欲登高者不可不离其初级，若终日沾滞呆立于一地，而徒望远而歆，仰高而羡，吾知其终无济也。若此者，其在毫无阻力之时，毫无阻力之地，而进步之公例固既当如是矣，若夫有阻之者，则凿榛莽以辟之，烈山泽而焚之，固非得已。苟不尔，则虽欲进而无其路也。谚曰："螫蛇在手，壮士断腕。"

此语至矣！不观乎善医者乎？肠胃症结，非投以剧烈吐泻之剂，而决不能治也；疮痈肿毒，非施以割剖洗涤之功，而决不能疗也，若是者，所谓破坏也。苟其惮之，而日日进参苓以谋滋补，涂珠珀以求消毒，病未有不日增而月剧者也。夫其所以不敢下吐泻者，虑其耗亏耳，所以不敢施割剖者，畏其苦痛耳，而岂知不吐泻而后此之耗亏将益多，不割剖而后此之苦痛将益剧，循是以往，非至死亡不止，夫孰与忍片刻而保百年，苦一部而养全体也。且等是耗亏也，等是苦痛也，早治一日，则其创夷必较轻；缓治一日，则其创夷必较重，此又理之至浅而易见者也。而谋国者乃昧焉，此吾之所不解也。

大抵今日谈维新者有两种：其下焉者，则拾牙慧、蒙虎皮，借此以为阶进之路，西学一八股也，洋务一苞苴也，游历一幕夜也，若是者固不足道矣；其上焉者，则固尝悴其容焉，焦其心焉，规规然思所以长国家而兴乐利者。至叩其术，最初则外交也，练兵也，购械也，制器也，稍进焉则商务也，开矿也，铁路也；进而至于最近，则练将也，警察也，教育也，此荦荦诸大端者，是非当今文明国所最要不可缺之事耶？虽然，枝枝节节而行焉，步步趋趋而摹仿焉，其遂可以进于文明乎？其遂可以置国家于不败之地乎？吾知其必不能也。何也？披绮罗于嫫母，只增其丑；施金鞍于驽骀，只重其负；刻山龙于朽木，只驱其腐；筑高楼于松壤，只速其倾，未有能济者也。今勿一一具论，请专言教育。

夫一国之有公共教育也，所以养成将来之国民也。而今之言教育者何如？各省纷纷设学堂矣，而学堂之总办提调，大率皆最工于钻营奔竞能仰承长吏鼻息之候补人员也；学堂之教员，大率皆八股名家弋窃甲第武断乡曲之巨绅也；其学生之往就学也，亦不过曰此时世妆耳，此终南径耳，与其从事于闭房退院之诗云子曰，何如从事于当时得令之 ABCD，考选入校，则张红然爆以示宠荣，吾粤近考取大学堂学生者皆如是。资派游学，则苞苴请托以求中选。若此者，皆今日教育事业开宗明义第一章，而将来为一国教育之源泉者也。

试问循此以往，其所养成之人物，可以成一国国民之资格乎？可以任为将来一国之主人翁乎？可以立于今日民族主义竞争之潮涡乎？吾有以知其必不能也。不能，则有教育如无教育，而于中国前途何救也？请更征诸商务。生计界之竞争，是今日地球上一最大问题也，各国所以亡我者在此，我国之所以争自存者亦当在此。商务之当整顿，夫人而知矣。

虽然振兴商务，不可不保护本国工商业之权利。欲保护权利，不可不颁定商法。仅一商法不足以独立也，则不可不颁定各种法律以相辅。有法而不行，与无法等，则不可不定司法官之权限。立法而不善，弊更甚于无法，则不可不定立法权之所属。

坏法者而无所惩，法旋立而旋废，则不可不定司法官之责任。推其极也，非制宪法，开议会，立责任政府，而商务终不可得兴。今之言商务者，漫然曰吾兴之吾兴之而已，吾不知其所以兴之者持何术也？夫就一二端言之，既已如是矣，推诸凡百，莫不皆然，吾故有以知今日所谓新法者之必无效也。何也？不破坏之建设，未有能建设者也。夫今之朝野上下，所以汲汲然崇拜新法者，岂不以非如是则国将危亡乎哉？而新法之无救于危亡也若此，有国家之责任者当何择矣。

然则救危亡、求进步之道将奈何？曰：必取数千年横暴混浊之政体，破碎而齑粉之，使数千万如虎如狼、如蝗如蝻、如蜮如蛆之官吏，失其社鼠城狐之凭借，然后能涤荡肠胃以上于进步之途也；必取数千年腐败柔媚之学说，廓清而辞辟之，使数百万如蠹鱼、如鹦鹉、如水母、如畜犬之学子，毋得摇笔弄舌，舞文嚼字，为民贼之后援，然后能一新耳目以行进步之实也。而其所以达此目的之方法有二：一曰无血之破坏，二曰有血之破坏。无血之破坏者，如日本之类是也；有血之破坏者，如法国之类是也。

中国如能为无血之破坏乎？吾馨香而祝之。中国如不得不为有血之破坏乎？吾衰绖而哀之。虽然，哀则哀矣，然欲使吾于此二者之外，而别求一可以救国之途，吾苦无以为对也。呜呼！吾中国而果能行第一义也，则今日其行之矣，而竟不能，则吾所谓第二义者遂终不可免。呜呼！吾又安忍言哉！呜呼！吾又安忍不言哉！

吾读宗教改革之历史，见夫二百年干戈云扰，全欧无宁宇，吾未尝不颁蹙。吾读一千七百八十九年之历史，见夫杀人如麻，一日死者以十数万计，吾未尝不股栗。虽然，吾思之，吾重思之，国中如无破坏之种子，则亦已耳，苟其有之，夫安可得避。

中国数千年以来历史，以天然之破坏相终始者也。远者勿具论，请言百年以来之事：乾隆中叶，山东有所谓教匪者王伦之徒起，三十九年平；同时有甘肃马明心之乱，据河州、兰州，四十六年平；五十一年，台湾林爽文起，诸将出征，皆不有功，历二年（五十二年），有福康安、海兰察督师乃平。而安南之役又起，五十三年乃平。廓尔喀又内犯，五十九年乃平。而五十八年，诏天下大索白莲教首领不获，官吏以搜捕教匪为名，恣行暴虐，乱机满天下。五十九年，贵州苗族之乱遂作。嘉庆元年，白莲教遂大起于湖北，蔓延河南、四川、陕西、甘肃，而四川之徐天德、王三槐等，又各拥众数万起事，至七年乃平。八年，浙江海盗蔡牵又起，九年，与粤之朱渍合，十三年乃平。十四年，粤子郑乙又起，十五年乃平。同年，天理教徒李文成又起，十八年乃平。不数年，而回部之乱又起，凡历十余年，至道光十一年乃平。同时湖南之赵金龙又起，十二年平。

天下凋敝之既极，始稍苏息，而鸦片战役又起矣。道光十九年，英舰始入广东；二十年，旋逼乍浦，犯宁波；二十一年，取舟山、厦门、定海、宁波、乍浦，遂攻吴淞，下镇江；二十二年，结南京条约乃平。而两广之伏莽，已遍地出没无宁岁。至咸丰元年，洪、杨遂乘之而起，蹂躏天下之半。而咸丰七年，复有英人入广东掳总督之事，九年复有英、法联军犯北京之事。而洪氏据金陵凡十二年，至同治二年始平。而捻党犹逼京畿，危在一发，七年始平。而回部、苗疆之乱犹未已，复血刃者数载，及其全平，已光绪三年矣。自同治九年天津教案起，尔后民教之哄，连绵不绝。光绪八年，遂有法国安南之役，十一年始平。二十年，日本战役起，二十一年始平。二十四年，广西李立亭、四川余蛮子起，二十五年始平。同年山东义和团起，蔓延直隶，几至亡国，为十一国所挟，二十七年始平。今者二十八年之过去者，不过一百五十日耳，而广宗、钜鹿之难，以袁军全力，历两月乃始平之；广西之难，至今犹蔓延三省，未知所届；而四川又见告矣。

由此言之，此百余年间，我十八行省之公地，何处非以血为染，我四百余兆之同胞，何日非以肉为糜，前此既有然，而况乎继此以往，其剧烈将仟伯而未有艾也。昔人云：“一慚之不忍，而终身慚乎？”吾亦欲曰：一破坏之不忍，而终古以破坏乎？我国民试矫首一望，见夫欧、美、日本之以破坏治破坏，而永绝内乱之萌糵也，不识亦曾有动于其心而为临渊之羡焉否也？

且夫惧破坏者，抑岂不以爱惜民命哉？姑无论天然无意识之破坏，如前所历举内乱诸祸，必非煦煦孑孑之所能弭也，即使弭矣，而以今日之国体，今日之政治，今日之官吏，其以直接间接杀人者，每岁之数，又岂让法国大革命时代哉？十年前山西一旱，而死者百余万矣；郑州一决，而死者十余万矣；冬春之交，北地之民，死于冻馁者，每岁以十万计；近十年来，广东人死于疫疠者，每岁以数十万计；而死于盗贼与迫于饥寒自为盗贼而死者，举国之大，每岁亦何啻十万。夫此等虽大半关于天灾乎？然人之乐有群也，乐有政府也，岂不欲以人治胜天行哉？有政府而不能为民捍灾患，然则何取此政府为也？

天灾之事关系政府责任，余别有论。呜呼！中国人之为戮民久矣，天戮之，人戮之，暴君戮之，汙吏戮之，异族戮之；其所以戮之之具，则饥戮之，寒戮之，夭戮之，疠戮之，刑狱戮之，窃贼戮之，干戈戮之。文明国中有一人横死者，无论为冤惨为当罪，而死者之名，必出现于新闻纸中三数次乃至百数十次，所谓贵人道、重民命者，不当如是耶？若中国则何有焉？草薙耳，禽狝耳。虽日死千人焉，万人焉，其谁知之？其谁殣之？亦幸而此传种学最精之国民，野火烧不尽，春风吹又生，其林林总总者如故也，使稍矜贵者，吾恐周余孑遗之诗，早实见于今日矣。然此犹在无外竞之时代为然耳。

自今以往，十数国之饥鹰饿虎，张牙舞爪，呐喊蹴踏，以入我闼而择我肉，数年数十年后，能使我如埃及然，将口中未下咽之饭，挖而献之，犹不足以偿债主；能使我如印度然，日日行三跪九叩首礼于他族之膝下，乃仅得半腹之饱。不知爱惜民命者，何以待之？何以救之？我国民一念及此，当能信吾所谓“破坏亦破坏，不破坏亦破坏”者之非过言矣，而二者吉凶去从之间，我国民其何择焉！其何择焉！昔日本维新主动力之第一人曰吉田松阴者，尝语其徒曰，“今之号称正义人，观望持重者，比比皆是，是为最大下策。何如轻快捷速，打破局面，然后徐图占地布石之为愈乎？”日本之所以有今日，皆恃此精神也，皆遵此方略也。吉田松阴，日本长门藩士，以抗幕府被逮死。维新元勋山县、伊藤、井上等，皆其门下士也。

今日中国之弊，视四十年前之日本又数倍焉，而国中号称有志之士，舍松阴所谓“最大下策”者，无敢思之，无敢道之，无敢行之，吾又乌知其前途所终极也。虽然，破坏亦岂易言哉？玛志尼曰：“破坏也者，为建设而破坏，非为破坏而破坏。使为破坏而破坏者，则何取乎破坏，且亦将并破坏之业而不能就也。”吾请更下一解曰：非有不忍破坏之仁贤者，不可以言破坏之言；非有能回破坏之手段者，不可以事破坏之事。而不然者，率其牢骚不平之气，小有才而未闻道，取天下之事事物物，不论精粗美恶，欲一举而碎之灭之，以供其快心一笑之具，寻至自起楼而自烧弃，自莳花而自斩刈，嚣嚣然号于众曰，吾能割舍也，吾能决断也，若是者直人妖耳。故夫破坏者，仁人君子不得已之所为也。孔明挥泪于街亭，子胥泣血于关塞，彼岂忍死其友而遗其父哉？

论私德（节录）

吾自去年著《新民说》，其胸中所怀抱欲发表者，条目不下数十，而以《公德篇》托始焉。论德而别举其公焉者，非谓私德之可以已。谓夫私德者，当久已为尽人所能解悟能践履，抑且先圣昔贤，言之既已圆满纤悉，而无待末学小子之哓哓词费也。乃近年以来，举国嚣嚣靡靡，所谓利国进群之事业，一二未睹，而末流所趋，反贻顽钝者以口实，而曰新理想之贼人子而毒天下。噫，余又可以无言乎！作《论私德》。

一　私德与公德之关系

私德与公德，非对待之名词，而相属之名词也。斯宾塞之言曰："凡群者皆一之积也，所以为群之德，自其一之德而已定。群者谓之拓都，一者谓之么匿。拓都之性情形制，么匿为之，么匿之所本无者，不能从拓都而成有，么匿之所同具者，不能以拓都而忽亡。"（按：以上见侯官严氏所译《群学肄言》。其云拓都者，东译所称团体也；云么匿者，东译所称个人也。）谅哉言乎，夫所谓公德云者，就其本体言之，谓一团体中人公共之德性也；就其构成此本体之作用言之，谓个人对于本团体公共观念所发之德性也。

夫聚群盲不能成一离娄，群聚聋不能成一师旷，聚群怯不能成一乌获，故一私人而无所私有之德性，则群此百千万亿之私人，而必不能成公有之德性，其理至易明也。盲者不能以视于众而忽明，聋者不能以听于众而忽聪，怯者不能以战于众而忽勇，故我对于我而不信，而欲其信于待人，一私人对于一私人之交涉而不忠，而欲其忠于团体，无有是处，此其理又至易明也。若是乎今之学者，日言公德，而公德之效弗睹者，亦曰国民之私德，有大缺点云尔。是故欲铸国民，必以培养个人之私德为第一义；欲从事于铸国民者，必以自培养其个人之私德为第一义。

且公德与私德，岂尝有一界线焉，区划之为异物哉！德之所由起，起于人与人之有交涉。（使如《鲁敏逊漂流记》所称，以孑身独立于荒岛，则无所谓德，亦无所谓不德。）而对于少数之交涉，与对于多数之交涉；对于私人之交涉，与对于公人之交涉，其客体虽异，其主体则同。故无论泰东、泰西之所谓道德，皆谓其有赞于公安公益者云尔；其所谓不德，皆谓其有戕于公安公益者云尔。公云私云，不过假立之一名词，以为体验践履之法门。

就泛义言之，则德一而已，无所谓公私；就析义言之，则容有私德醇美，而公德尚多未完者，断无私德浊下，而公德可以袭取者。孟子曰："古之人所以大过人者无他焉，善推其所为而已矣。"公德者，私德之推也。知私德而不知公德，所缺者只在一推；蔑私德而谬托公德，则并所以推之具而不存也。故养成私德，而德育之事思过半焉矣。

二　私德堕落之原因

私德之堕落，至今日之中国而极。其所以致此之原因，甚复杂不得悉数，当推论其大者得五端：

（一）由于专制政体之陶铸也。孟德斯鸠曰："凡专制之国，间或有贤明之主，而臣民之有德者则甚希。试征诸历史，乃君主之国，其号称大臣近臣者，大率毕庸劣卑屈嫉妒阴险之人，此古今东西之所同也。不宁惟是，苟在上者多行不义，而居下者守正不阿，贵族专尚诈虞，而平民独崇廉耻，则下民将益为官长所欺诈所鱼肉矣。故专制之国。无论上下贵贱，一皆以变诈倾巧相遇，盖有迫之使不得不然者矣。若是乎专制政体之下，固无所用其德义，昭昭明甚也。"夫既竞天择之公例，惟适者乃能生存。

吾民族数千年生息于专制空气之下，苟欲进取，必以诈伪；苟欲自全，必以卑屈。其最富丁此两种性质之人，即其在社会上占最优胜之位置者也；而其稍缺乏者，则以劣败而澌灭，不复能传其种于来裔者也。是故先天之遗传，盘踞于社会中，而为其公共性，种子相熏，日盛一日，虽有豪杰，几难自拔，盖此之由。不宁惟是，彼跼蹐于专制之下，而全躯希宠以自满足者，不必道，即有一二达识热诚之士，苟欲攘臂为生民请命，则时或不得不用诡秘之道，时或不得不为偏激之行。夫其人而果至诚也，犹可以不因此而磷缁也，然习用之，则德性之漓，固已多矣。若根性稍薄弱者，几何不随流而沉汩也。夫所谓达识热诚欲为生民请命者，岂非一国中不可多得之彦哉！使其在自由国，则大政治家，大教育家，大慈善家，以纯全之德性，温和之手段，以利其群者也。而今乃迫之使不得不出于此途，而因是堕落者十八九焉。嘻，是殆不足尽以为斯人咎也！

（二）由于近代霸者之摧锄也。夫其所受于数千年之遗传者既如此矣，而此数千年间，亦时有小小之污隆升降，则帝者主持而左右之，最有力焉。西哲之言曰："专制之国，君主万能。"非虚言也。

顾亭林之论世风，谓东汉最美，炎宋次之，而归功于光武、明、章，艺祖、真、仁。（《日知录》卷十三云："汉自孝武表章六经之后，师儒虽盛而大义未明，故新莽居摄，颂德献符者遍天下。光武有鉴于此，乃尊崇节义，敦厉名实，所举用者莫非经明行修之士，而风俗为之一变。至其末造，朝政昏浊，国事日非，而党锢之流，独行之辈，依仁蹈义，舍命不渝。风雨如晦，鸡鸣不已。三代以下，风俗之美，无尚于东京者。"又云："《宋史》言士大夫忠义之气，至于五季变化殆尽。艺祖首褒韩通，次表卫融，以示意向。真、仁之世，田锡、王禹称范种淹、欧阳修诸贤以直言。谠论倡于朝，于是中外荐绅知以名节为高，廉耻相尚，尽去五季之陋。故靖康之变，士投袂起而勤王，临难不屈，所在有之。及宋之亡，忠节相望。）且从而论之曰："观哀、平之可以变而为东京，五代之可以变而为宋，则知天下无不可变之风俗。"此其言虽于民德污隆之总因，或有所未尽乎，然不得不谓为重要关系之一端矣。

尝次考三千年来风俗之差异，三代以前，邈矣弗可深考，春秋时犹有先王遗民，自战国涉秦以逮西汉，而懿俗顿改者，集权专制之趋势，时主所以刍狗其民者，别有术也。战国虽混浊，而犹有任侠尚气之风。及汉初而摧抑豪强，朱家、郭解之流，渐为时俗所姗笑，故新莽之世，献符阉媚者遍天下，则高、惠、文、景之播其种也。至东汉而一进，则亭林所论，深明其故矣。及魏武既有冀州，崇奖跅驰之士，于是权诈迭进，奸伪萌生，（建安廿二年八月下令：求负污辱之名，见笑之行，不仁不孝，而有治国用兵之术者。）光武、明、章之泽，扫地殆尽，每下愈况，至五季而极，千年间民俗之靡靡，亦由君主之淫乱有以扬其波也。

及宋乃一进。艺祖以检点作天子，颇用专制力，挫名节以自固。（君臣坐而论道之制，至宋始废。盖范质辈与艺祖并仕周，位在艺祖上，及人宋为宰相而远嫌自下也。）而真、仁守文，颇知大体，提倡士气。宋俗之美，其大原因固不在君主，而君主亦与有力焉。胡元之篡，衣冠涂炭，纯以游牧水草之性驰骤吾民，故九十年间，暗无天日。及明而一进。明之进也，则非君主之力也。明太祖以刻鸷之性，摧锄民气，戮辱臣僚，其定律至立不为君用之条，令士民毋得以名节自保，以此等专制力所挫抑，宜其恶果更烈于西汉，而东林复社，舍命不渝，鼎革以后，忠义相属者，则其原因别有在也（详下节）。下逮本朝，顺、康间首开博学鸿词以絷遗逸，乃为《贰臣传》以辱之。

晚明士气，斫丧渐尽，及夫雍、乾，主权者以悍鸷阴险之奇才，行操纵驯扰之妙术，摭拾文字小故以兴冤狱，廷辱大臣耆宿以蔑廉耻，（乾隆六十年中大学士尚侍供奉，诸大员无一人不曾遭黜辱者。）又大为《四库提要》《通鉴辑览》等书，排斥道学，贬绝节义，自魏武以后，未有敢明目张胆变乱黑白如斯其甚者也。然彼犹直师商、韩六虱之教，而人人皆得喻其非，此乃阴托儒术刍狗之言，而一代从而迷其信。呜呼！何意百炼钢，化为绕指柔。百余年前所播之恶果，今正荣滋稔熟，而我民族方刈之，其秽德之夐千古而绝五洲，岂偶然哉，岂偶然哉！

（三）由于屡次战败之挫沮也。国家之战乱，与民族之品性最有关系，而因其战乱之性质异，则其结果亦异。今先示其类别如下：

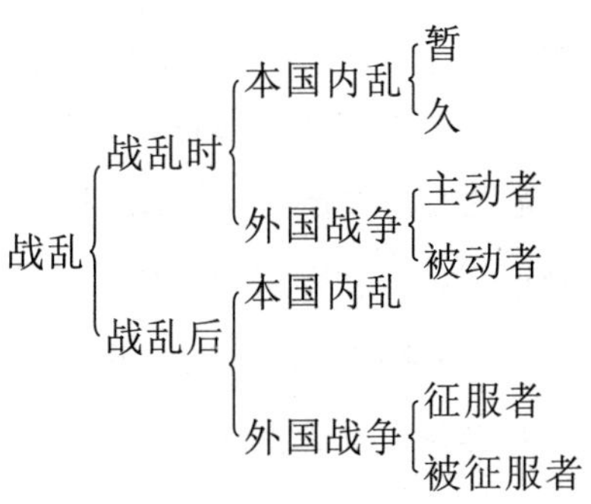

内乱者，最不祥物也。凡内乱频仍之国，必无优美纯洁之民。当内乱时，其民必生六种恶性：一曰侥幸性。才智之徒，不务利群，而惟思用险鸷之心术，攫机会以自快一时也。二曰残忍性。草薙禽狝之既久，司空见惯，而曾不足以动其心也。三曰倾轧性。彼此相阋，各欲得而甘心，杯酒戈矛，顷刻倚伏也。此三者桀黠之民所含有性也。四曰狡伪性。朝避猛虎，夕避长蛇，非营三窟，不能自全也。五曰凉薄性。一身不自保，何况恋妻子，于至亲者尚不暇爱，而遑能爱人，故仁质斫丧澌灭以至于尽也。六曰苟且性。知我如此，不如无生，暮不保朝，假日偷乐，人人自危，无复远计，驯至与野蛮人之不知将来者无以异也。此三者柔良之民所含有性也。当内乱后，其民亦生两种恶性：一曰恐怖性。痛定思痛，梦魂犹噩，胆汁已破，勇气全销也。二曰浮动性。久失其业，无所依归，秩序全破，难复故常也。

故夫内乱者，最不祥物也。以法国大革命，为有史以来惊天动地之一大事业，而其结果乃至使全国之民，互相剚刃于其腹，其影响乃使数十年以后之国民，失其常度。史家波留谓法国至今不能成完全之民政，实由革命之役，斫丧元气太过，殆非虚言也。

内乱之影响，则不论胜败。何也？胜败皆在本族也，故恢复平和之后，无论为新政府、旧政府，其乱后民德之差异，惟视其所以劳来还定、补救陶治者何如。而暂乱偶乱者，影响希而补救易；久乱频乱者，影响大而补救难。此其大较也。若夫对外之战争则异是。其为主动以伐人者，则运有全在军队，而境内安堵焉，惟发扬其尚武之魂，鼓舞其自尊之念。故西哲曰：战争者，国民教育之一条件也，是可喜而非可悲者也。其为被动而伐于人者，其影响虽与内乱绝相类，而可以变侥幸性为功名心，变残忍性为敌忾心，变倾轧性而为自觉心，乃至变狡伪性而为谋敌心，变凉薄性而为敢死心，变苟且性而为自保心。

何也？内乱则已无所逃于国中，而惟冀乱后之还定；外争则决生死于一发，而怵于后时之无可回复也。故有利用敌国外患以为国家之福者，虽可悲而非其至也。外争而自为征服者，则多战一次，民德可高一级。德人经奥大利之役，而爱国心有加焉，经法兰西之役，而爱国心益有加焉。日本人于朝鲜之役、中国之役亦然。皆其例也。若夫战败而为被征服者，则其国民固有之性，可以骤变忽落而无复痕迹。夫以斯巴达强武之精神照耀史乘，而何以屈服于波斯之后，竟永为他族藩属，而所谓军国民之纪念，竟可不复睹也。波兰当十八世纪前，泱泱几霸全欧，何以一经瓜分后，而无复种民固有之特性也。燕赵古称多慷慨悲歌之士，今则过于其市，顺民旗飘飐焉。问昔时屠狗者，阒如矣，何也？自五胡、元魏、安史、契丹、女直、蒙古、满洲以来，经数百年六七度之征服，而本能湮没尽矣。夫在专制政体之下，既已以卑屈诈伪两者为全身进取之不二法门矣，而况乎专制者之复非我族类也。

故夫内乱与被征服二者，有一于此，其国民之人格，皆可以日趋卑下，而中国乃积数千年内乱之惯局，以脓血充塞历史，日伐于人而未尝一伐人，屡被征服而不克一自征服，此累变累下种种遗传之恶性，既已弥漫于社会，而今日者又适承洪杨十余年惊天动地大内乱之后，而自欧势东渐以来，彼征服者又自有其征服者，且匪一而五六焉，日瞵眈于我前，国民之失其人性，殆有由矣。

（四）由于生计憔悴之逼迫也。管子曰："仓禀实而知礼节，衣食足而知荣辱。"孟子曰："民无恒产，斯无恒心，既无恒心，放僻邪侈，救死不赡，奚暇礼义！"呜呼，岂不然哉，岂不然哉！并世之中，其人格最完善之国民，首推英美，交则日耳曼，之三国者，皆在全球生计界中，占最高之位置者也。西班牙、葡萄牙人，在数百年前，深有强武活泼、沉毅严整之气度，今则一一相反，皆由生计之日蹙为之也。其最劣下者，若泰东之朝鲜人、安南人，则生计最穷迫不堪之民也。俄罗斯政府，以鹰瞵虎视之势，震慑五陆，而其人民称罪恶之府，黑暗无复天日，（日本人有《露西亚亡国论》，穷形尽相。）亦生计沉窘之影响也。彼虚无党以积年游说煽动之力，而不能得多数之同情，乃不得已而出于孤往凶险之手段，亦为此问题所困也。

日本政术，几匹欧美，而社会道德，百不逮一，亦由其富力之进步，与政治之进步不相应也。夫世无论何代，地无论何国，固莫不有其少数畸异绝俗之士，既非专制魔力所能束缚，亦非恒产困乏所能销磨。虽然，不可以律众人也。多数之人民必其于仰事俯蓄之外，而稍有所余裕，乃能自重而惜名誉，泛爱而好慈善，其脑筋有余力以从事于学问，以养其稍高尚之理想；其日力有余暇以计及于身外，以发其顾团体之精神。而不然者，朝饔甫毕，而忧夕飧，秋风未来，而泣无褐，虽有仁质，岂能自冻馁以念众生；虽有远虑，岂能舍现在以谋将来？西人群学家言，谓文明人与野蛮人之别，在公共思想之有无，与未来观念之丰缺。而此两者所以差异之由，则生计之舒蹙，其尤著者也。故贪鄙之性，褊狭之性，凉薄之性，虚伪之性，谄阿之性，暴弃之性，偷苟之性，强半皆由生计憔悴造之。生计之关系于民德，如是其切密也。

我国民数千年来，困于徭役，困于灾疠，困于兵燹，其得安其居乐其业者，既已间代不一觏；所谓虚伪、褊狭、贪鄙、凉薄、谄阿、暴弃、偷苟之恶德，既已经数十世纪，受之于祖若宗社会之教育；降及现世，国之母财，岁不增殖，而宫廷土木之费，官吏苞苴之费，恒数倍于政府之岁入，国民富力之统计，每人平均额不过七角一分有奇，（据日本横山雅男氏之统计调查，日币七十钱有奇。）而外债所负，已将十万万两（利息在外），以至有限之物力，而率变为不可复之母财，若之何民之可以聊其生也！而况乎世界生计竞争之风潮席卷而来，而今乃始发轫也。民国之腐败堕落，每下愈况，呜呼，吾未知其所终极矣！

（五）由于学术匡救之无力也。彼四端者，养成国民大多数恶德之源泉也。然自古移风易俗之事，其目的虽在多数人，其主动恒在少数人，若缺于彼而有以补于此，则虽敝而犹未至其极也。东汉节义之盛，光武、明、章之功，虽十之三，而儒学之效，实十之七也。唐之与宋，其专制之能力相若，其君主之贤否亦不甚相远，而士俗判若天渊者，唐儒以词章浮薄相尚，宋儒以道学廉节为坊也。魏晋六朝之腐败原因，虽甚杂复，而老庄清谈宗派，半尸其咎也。明祖刻薄寡恩，挫抑廉隅，达于极点，而晚明士气，冠前古者，王学之功，不在禹下也。

然则近今二百年来民德污下之大原，从可睹矣。康熙博学鸿词诸贤，率以耆宿为海内宗仰，而皆自污贬。兹役以后，百年来支配人心之王学，扫荡靡存，船山、梨洲、夏峰、二曲之徒，抱绝学，老岩穴，统遂斩矣。而李光地、汤斌，乃以朱学闻。以李之忘亲背交，职为奸谀，（李给郑成功以覆明祀，前人无讥，全谢山始诃之。）汤之柔媚取容，欺罔流俗，（汤斌虽贵，而食不御炙鸡，帷帐不过枲䌷，尝奏对出，语人曰：生平未尝作如此欺人语。后为圣祖所觉，盖公孙弘之流也。）而以为一代开国之大儒，配食素王，未流所鼓铸，岂待问矣。后此则陆陇其、陆世仪、张履祥、方苞、徐乾学辈，以媕婀夸毗之学术，文致期奸，其人格殆犹在元许衡、吴澄之下，所谓《国朝宋学渊源记》者，殆尽于是矣。而乾嘉以降，阎、王、段、戴之流，乃标所谓汉学者以相夸尚，排斥宋明，不遗余力。

夫宋明之学，曷尝无缺点之可指摘，顾吾独不许卤莽灭裂之汉学家容其喙也。彼汉学则何所谓学？昔乾隆间内廷演剧，剧曲之大部分，则诲乱也，诲淫也，皆以触忌讳，被呵谴，不敢进，乃专演神怪幽灵、牛鬼蛇神之事，既借消遣，亦无愆尤。吾见夫本朝二百年来学者之所学，皆牛鬼蛇神类耳，而其用心亦正与彼相等。盖王学之激扬蹈厉，时主所最恶也，乃改而就朱学，朱学之严正忠实，犹非时主之所甚喜也，乃更改而就汉学。若汉学者，则立于人间社会以外，而与二千年前地下之僵石为伍，虽著述累百卷，而决无一伤时之语；虽辩论千万言，而皆非出本心之谈。藏身之固，莫此为妙。才智之士，既得此以为阿世盗名之一秘钥，于是名节闲检，荡然无所复顾。故宋学之敝，犹有伪善者流；汉学之敝，则并其伪者而亦无之。

何也？彼见夫盛名鼎鼎之先辈，明目张胆以为乡党自好者所不为之事，而其受社会之崇拜、享学界之尸祝自若也，则更何必自苦以强为禹行舜趋之容也。昔王鸣盛（著《尚书后案》《十七史商榷》等书，汉学家之钜子也）尝语人曰："吾贪脏之恶名，不过五十年；吾著书之盛名，可以五百年。"此二语者，直代表全部汉学家之用心矣。庄子曰："哀莫大于心死。"汉学家者率天下而心死者也。此等谬种，与八股同毒，盘踞于二百余年学界之中心，直至甲午、乙未以后，而其气焰始衰，而此不痛不痒之世界，既已造成，而今正食其报，耗矣哀哉！

五年以来，海外之新思想，随列强侵略之势力以入中国，始为一二人倡之，继焉千百人和之。彼其倡之者，固非必尽蔑旧学也，以旧学之简单而不适应于时势也，而思所以补助之，且广陈众义，促思想自由之发达，以求学者之自择。而不意此久经腐败之社会，遂非文明学说所遽能移植。于是自由之说入，不以之增幸福，而以之破秩序；平等之说入，不以之荷义务，而以之蔑制裁；竞争之说入，不以之敌外界，而以之散内团；权利之说入，不以之图公益，而以之文私见；破坏之说入，不以之箴膏肓，而以之灭国粹。斯宾塞有言："衰世虽有更张，弊泯于此者，必发于彼；害消于甲者，将长于乙。合通群而核之，弊政害端，常自若也。是故民质不结，祸害可以易端，而无由禁绝。"

呜呼！吾观近年来新学说之影响于我青年界者，吾不得不服斯氏实际经验之言，而益为我国民增无穷之沉痛也。夫岂不拔十得一，能食新思想者之利者，而所以偿其弊殆仅矣。《记》曰："甘受和，白受采，忠信之人，可与学礼。"又曰："橘在江南为橘，过江北则为枳。"夫孰意彼中最高尚醇美、利群进俗之学说，一入中国，遂被其伟大之同化力汩没而去也。要而论之，魏晋间清谈乾嘉间之考据，与夫现今学子口头之自由、平等、权利、破坏，其挟持绝异，其性质则同。而今之受痼愈深者，则以最新最有力之学理，缘附其所近受远受之恶性恶习，拥护而灌溉之，故有清二百年间民德之变迁，在朱学时代，有伪善者，犹知行恶之为可耻也；在汉学时代，并伪焉者而无之，则以行恶为无可耻也。及今不救，恐后此欧学时代，必将有以行恶为荣者，今已萌芽于一小部分之青年矣。夫至以行恶为荣，则洪水猛兽，足喻斯惨耶？君子念此，肤粟股栗矣。

中国历代民德升降表（略）

中国历代民德升降原因表（附）

	国势	君主	战争	学术	生计	民德
春秋	列国并立，贵族专制。	权不甚重，影响颇少。	虽多而不甚烈。	各宗派虽萌芽而未甚发达，多承先王遗风。	交通初开，竞争不甚剧。	淳朴忠实。
战国	列国并立，集权专制渐巩固。	大率以尚武精神、外交手段两者，奖厉臣下。	甚烈。	自由思想大发达，儒、墨、道、法、纵横诸派互角，纵横家最握实权。	商业渐兴，兼并大起，因苛税及兵乱，民困殊甚。	其长在任侠尚气，其短在慓佼诈伪、破坏秩序。
秦	中央集权，专制力甚强。	以塞民智、挫民气为主。	继续。	屏弃群学，稍任法家。	大窘。	卑屈浮动。
西汉	同。	高祖承用秦法，专挫任侠，刻薄寡恩。	少。	儒老并行。	文、景间家给人足，武、昭以后稍困。	卑屈甚于秦时。
东汉	同。	光武、明、章，奖厉名节。	少。	儒学最盛时代，收孔教之良果。	复苏。	尚气节，崇廉耻，风俗称最美。
三国	本族分裂。	魏武提倡恶风，吴、蜀亦奖厉权术。	烈。	缺乏。	颇艰。	污下。

续表

	国势	君主	战争	学术	生计	民德
六朝	外族侵入。	奖厉浮薄奢靡之风。	甚多，而本族率战败。	佛老并用，词章与清谈极盛。	惟悴。	混浊柔靡。
唐	本族恢复中央集权，旋复分裂。	骄汰。	上半期平和，下半期大乱。	儒者于词章外无所事，佛学稍发达。	上半期颇苏，下半期大困。	上半期柔靡卑屈，下半期混浊。
五季	不成国。	无主。	战败于外族。	无。	民不聊生。	最下。
宋	主权微弱，外族频侵。	真、仁爱民崇礼。	战败于外族。	道学发达最盛，朱、陆为其中心点。	稍苏。	尚节义而稍文弱。
元	外族主权，专制力甚强。	以游牧性蹴踏本族。	本族全败战争与国民无与。	摭朱学末流，而精神不存。	困。	卑屈，寡廉耻。
明	本族恢复，专制力甚强。	太祖残忍刻薄，挫抑民气。	战胜后，平和时代稍长。	王学大兴，思想高尚。	稍苏。	发扬尚名节，几比东汉。
清	外族同化主权，专制力甚强。	雍正、乾隆以谿刻阴险威群下。	战败后，平和时代稍长。	士以考据、词章自遁，不是知学，其黠者，以腐败矫伪之朱学文其奸。	颇苏。	庸懦，卑怯，狡诈。

续表

	国势	君主	战争	学术	生计	民德
现今	文明之外族侵入，主权无存。	四十年来，主权者以压制敷衍为事，近而益甚。	内乱未已，外患又作，数败之后，四海骚然。	旧学澌灭，新学未成，青黄不接，谬想重迭。	漏卮[1]既甚，而世界生计竞争风潮侵来，全国憔悴。	混浊达于极点，诸恶俱备。

三 私德之必要

私德者，人人之粮，而不可须臾离者也。虽然，吾之论著，以语诸大多数不读书不识字之人，莫予喻也；即以语诸少数读旧书识旧字之人，亦莫予闻也。于是吾忠告之所得及，不得不限于少数国民中之最少数者。顾吾信夫此最少数者，其将来势力所磅礴，足以左右彼大多数者而有余也。吾为此喜，吾为此惧，吾不能已于言。

今日踸踔俊发有骨鲠有血性之士，其所最目眩而心醉者，非破坏主义耶？破坏之必能行于今之中国与否，为别问题，姑勿具论。而今之走于极端者，一若惟建设为需道德，而破坏则无需道德，鄙人窃以为误矣。古今建设之伟业，固莫不含有破坏之性质；古今破坏之伟人，亦靡不饶有建设之精神。

[1] 漏卮：有漏洞的盛酒器，比喻使国家利益外流的漏洞。

实则破坏与建设，相倚而不可离，而其所需之能力，二者亦正相等。苟有所缺，则靡特建设不可得期，即破坏亦不可得望也。今之言破坏者，动引生计学上分劳之例，谓吾以眇眇之躬，终不能取天下事而悉任之，吾毋宁应于时势而专任破坏焉，既破坏以后，则建设之责，以俟君子，无待吾过虑也。此其心岂不廓然而大公也耶？顾吾以为不惟于破坏后当有建设，即破坏前亦当有建设。苟不尔者，则虽日言破坏，而破坏之目的终不得达。

何也？群学公例，必内固者乃能外竞，一社会之与他社会竞也，一国民之与他国民竞也，苟其本社会本国之机体未立、之营卫未完，则一与敌遇而必败，或未与敌遇而先自败。而破坏主义之性质，则以本社会本国新造力薄之少数者，而悍然与彼久据力厚之多数者为难也。故不患敌之强，而惟患我之弱。我之所恃以克敌者何在？在能团结一坚固有力之机体而已。然在一社会、一国家，承累年积世之遗传习惯，其机体由天然发达，故成之尚易。在一党派则反是，前者无所凭借，并世无所利用，其机体全由人为发达，故成之最难。所谓破坏前之建设者，建设此而已。苟欲得之，舍道德奚以哉！

今之言破坏者，动曰一切破坏。此謷言也。吾辈曷为言破坏？曰：去其病吾社会者云尔。如曰一切破坏也，是将并社会而亦破坏之也。譬诸身然，沉疴在躬，固不得不施药石，若无论其受病不受病之部位，而一切针炙之、攻泄之，则直自杀而已。吾亦深知夫仁人志士之言破坏者，其目的非在破坏社会，而不知“一切破坏”之言，既习于口而印于脑，则道德之制裁，已无可复施，而社会必至于灭亡。吾亦深知夫仁人志士之言破坏者，实鉴于今日之全社会，几无一部分而无病态也，愤慨之极，必欲翻根柢而改造之。斯固然也。然疗病者无论下若何猛剂，必须恃有所谓“元神真火”者，以为驱病之原，苟不尔者，则一病未去，他病复来，而后病必更难治于前病。故一切破坏之言，流弊千百，而收效卒不得一也。何也？

苟有破坏者有不破坏者，则其应破坏之部分，尚可食破坏之利，苟一切破坏，则不惟将来宜成立者不能成立，即目前宜破坏者亦卒不得破坏，此吾所敢断言也。吾畴昔以为中国之旧道德，恐不足以范围今后之人心也，而渴望发明一新道德以补助之（参观《论公德》篇）。由今以思，此直理想之言，而决非今日可以见诸实际者也。夫言群治者，必曰德、曰智、曰力，然智与力之成就甚易，惟德最难。今欲以一新道德易国民，必非徒以区区泰西之学说所能为力也，即尽读梭格拉底、柏拉图、康德、黑智儿之书，谓其有“新道德学”也则可，谓其有“新道德”也则不可。何也？道德者行也，而非言也，苟欲言道德也，则其本原出于良心之自由，无古无今无中无外，无不同一，是无有新旧之可云也。苟欲行道德也，则因于社会性质之不同，而各有所受，其先哲之微言，祖宗之芳躅，随此冥然之躯壳，以遗传于我躬，斯乃一社会之所以为养也。一旦突然欲以他社会之所养者养我，谈何容易耶？

窃尝举泰西道德之原质而析分之，则见其得自宗教之制裁者若干焉，得自法律之制裁者若干焉，得自社会名誉之制裁者若干焉。而此三者，在今日之中国能有之乎？吾有以知其必不能也。不能而犹云欲以新道德易国民，是所谓磨砖为镜、炊沙求饭也。吾固知言德育者，终不可不求泰西新道德以相补助，虽然，此必俟诸国民教育大兴之后，而断非一朝一夕所能获，而在今日青黄不接之顷，则虽日日闻人说食，而己终不能饱也。况今者无所挟持以为过渡，则国民教育一语，亦不过托诸空言，而实行之日，终不可期，是新道德之输入，因此遂绝望也。

然则今日所恃以维持吾社会于一线者何在乎？亦曰：吾祖宗遗传固有之旧道德而已。（道德与伦理异，道德可以包伦理，伦理不可以尽道德。伦理者或因于时势而稍变其解释，道德则放诸四海而皆准，俟诸百世而不惑者也。如要君之为有罪，多妻之非不德，此伦理之不宜于今者也；若夫忠之德，爱之德，则通古今中西而为一者也。诸如此类，不可枚举。故谓中国言伦理有缺点则可，谓中国言道德有缺点则不可。）而“一切破坏”之论兴，势必将并取旧道德而亦摧弃之。呜呼，作始也简，将毕也巨。见披发于伊川，知百年而为戎。毋曰“吾姑言之以快一时”云尔。汝之言而无力耶，则多言奚为；汝之言而有力耶，遂将以毒天下。吾愿有言责者一深长思也。

读者其毋曰：今日救国之不暇，而哓哓然谈性说理何为也。诸君而非自认救国之责任也，则四万万人之腐败，固已久矣，而岂争区区少数之诸君。惟中国前途，悬于诸君，故诸君之重视道德与蔑视道德，乃国之存亡所由系也。今即以破坏事业论，诸君亦知二百年前英国革命之豪杰为何如人乎？彼克林威尔实最纯洁之清教徒也。亦知百年前美国革命之豪杰为何如人乎？彼华盛顿所率者皆最质直善良之市民也。亦知三十年前日本革命之豪杰为何如人乎？彼吉田松阴、西乡南洲辈，皆朱学、王学之大儒也。故非有大不忍人之心者，不可以言破坏；非有高尚纯洁之性者，不可以言破坏。虽然，若此者，言之甚易，行之实难矣。

吾知其难而日孜孜焉，兢业以自持，困勉以自勖，以忠信相见，而责善于友朋，庶几有济。若乃并其所挟持以为破坏之具者而亦破坏之，吾不能为破坏之前途贺也。吾见世之论者，以革命热之太盛，乃至神圣洪秀全而英雄张献忠者有焉矣，吾亦知其为有为而发之言也。然此等孽因，可多造乎？造其因时甚痛快，茹其果时有不胜其苦辛者矣。夫张献忠更不足道矣，即如洪秀全，或以其所标旗帜，有合于民族主义也，而相与颂扬之。究竟洪秀全果为民族主义而动否，虽论者亦不敢为作保证人也。王莽何尝不称伊、周，曹丕何尝不法禹、舜，亦视其人何如耳？大抵论人者必于其心术之微。其人而小人也，不能以其与吾宗旨偶同也，而谓之君子。如韩侂胄之主伐金论，我辈所最赞者，然赞其论不能赞其人也。其人而君子也，不能以其与吾宗旨偶牾也，而竟斥为小人。王猛之辅苻秦，我辈所最鄙者，然鄙其事不能抹煞其人也。尚论者如略心术而以为无关重轻也，夫亦谁能尼之，但使其言而见重于社会也，吾不知于社会全体之心术，所影响何如耳。

不宁惟是而已，夫鼓吹革命，非欲以救国耶？人之欲救国，谁不如我，而国终非以此“瞎闹派”之革命所可得救，非惟不救，而又以速其亡。此不可不平心静气而深察也。论者之意，必又将曰：非有瞎闹派开其先，则实力派不能收其成。此论之是否，属于别问题，兹不深辩。今但问论者之意，欲自为瞎闹派，且使听受吾言者悉为瞎闹派乎？恐君虽欲自贬损，而君之地位固有所不能也，即使能焉，而举国中能瞎闹之人正多，现在未来瞎闹之举动亦自不少，而岂待君之入其间而添一蛇足也，而更何待君之从旁劝驾也。况君之言，皆与彼无瞎闹之资格者语，而其有瞎闹之资格者，又非君之笔墨势力范围所能及也。然则吾侪今日，亦务为真救国之事业，且养成可以真救国之人才而已。

诚如是也，则吾以为此等利口快心之言，可以已矣。昔曹操下教，求不仁不孝而有治国用兵之术者。彼其意，岂不亦曰吾以救一时云尔。而不知流风所播，遂使典午以降，廉耻道丧，五胡迭侵，元魏凭陵，黄帝子孙势力之坠地，即自兹始。此中消息，殆如铜山西崩，洛钟东应，感召之机，铢黍靡忒。呜呼，可不深惧耶！可不深惧耶！其父攫金，其子必将杀人，城中高髻，四方必高一尺。今以一国最少数之先觉，号称为得风气之先者，后进英豪，具尔瞻焉，苟所以为提倡者一误其途，吾恐功之万不足以偿其罪也。古哲不云乎：“两军相对，哀者胜矣。”

今日稍有知识稍有血性之士，对于政府而有一重大敌，对于列强而复有一重大敌，其所以兢兢业业蓄养势力者宜何如？实力安在？吾以为学识之开通、运动之预备，皆其余事，而惟道德为之师。无道德观念以相处，则两人且不能为群，而更何事之可图也。自起楼而自摧烧之，自莳种而自践踏之，以云能破坏则诚有矣，独惜其所破坏者，终在我而不在敌也。曾文正者，近日排满家所最唾骂者也，而吾则愈更事而愈崇拜其人。

吾以为使曾文正生今日而犹壮年，则中国必由其手而获救矣。彼惟以天性之极纯厚也，故虽行破坏可也；惟以修行之极严谨也，故虽用权变可也。故其言曰："扎硬寨，打死仗。"曰："多条理，少大言。"曰："不为圣贤，便为禽兽；莫问收获，但问耕耘。"彼其事业之成，有所以自养者在也；彼其能率厉群贤以共图事业之成，有所以孚于人且善导人者在也。吾党不欲澄清天下则已，苟有此志，则吾谓《曾文正集》，不可不日三复也。夫以英、美、日本之豪杰证之则如彼，以吾祖国之豪杰证之则如此，认救国之责任者，其可以得师矣。

吾谓破坏家所破坏者，往往在我而不在敌，闻者或不慊焉。盖倡破坏者，自其始断未有立意欲自破坏焉者也，然其势之所趋多若是。此不徒在异党派有然也，即同党派亦然。此其何故欤？窃尝论之。共学之与共事，其道每相反，此有志合群者所不可不兢兢也。当其共学也，境遇同，志趣同，思想同，言论同，耦俱无猜，谓相将携手以易天下。及一旦出而共事，则各人有各人之性质，各人有各人之地位，一到实际交涉，则意见必不能尽同，手段必不能尽同。始而相规，继而相争，继而相怨，终而相仇者，往往然矣。此实中西历史上所常见，而豪杰所不免也。谚亦有之："相见好，同住难。"在家庭、父子、兄弟、夫妇之间，尚且有然，而朋友又其尤甚者也。

于斯时也，惟彼此道德之感情深者，可以有责善而无分离，观曾文正与王璞山、李次青二人交涉之历史，可以知其故矣。读者犹疑吾言乎，请悬之以待足下实际任事之日，必有不胜其感慨者。夫今之志士，必非可以个个分离孤立，而能救此濒危之国，明也。其必协同运动，组成一分业精密、团结巩固之机体，庶几有济。吾思之，吾重思之，此机体之所以成立，舍道德之感情，将奚以哉！将奚以哉！

且任事者，最易漓汩人之德性，而破坏之事，又其尤甚者也。当今日人心腐败达于极点之时，机变之巧，迭出相尝，太行孟门，岂云巉绝。曾文正与其弟书云："吾自信亦笃实人，只为阅历世途，饱更事变，略参些机权作用，倒把自家学坏了。"以文正之贤，犹且不免，而他更何论也。故在学堂里讲道德尚易，在世途上讲道德最难。若夫持破坏主义者，则更时时有大敌临于其前，一举手，一投足，动须以军略出之，而所谓军略者，又非如两国之交绥云也。在敌则挟其无穷之威力以相临，在我则偷期密约，此迁彼就，非极机巧，势不能不归于劣败之数，故破坏家之地位之性质，尝与道德最不能相容者也。

是以躬亲其役者，在初时或本为一极朴实极光明之人，而因其所处之地位、所习之性质，不知不觉，而渐与之俱化，不一二年，而变为一刻薄寡恩、机械百出之人者有焉矣，此实最可畏之试验场也。然语其究竟，则凡走入刻薄机诈一路者，固又断未有能成一事者也。此非吾摭拾《宋元学案》上理窟之空谈，实则于事故上证以所见者所历者，而信其结果之必如是也。夫任事者修养道德之难既若彼，而任事必须道德之急又若此，然则当兹冲者，可不栗栗耶，可不孳孳耶！《诗》曰："毋教猱升木。"如涂涂附，息息自克，犹惧未能挽救于万一，稍一自放，稍一自文，有一落千丈而已。

问者曰：今日国中种种老朽社会，其道德上之黑暗，不可思议，今子之所论，反乃偏责备于新学之青年，新学青年，虽或间有不德，不犹愈于彼等乎？答之曰：不然。彼等者，无可望无可责者也，且又非吾笔墨之势力范围所能及也。中国已亡于彼等之手，而惟冀新学之青年，致死而之生之，若青年稍不慎，而至与彼等同科焉，则中国遂不可救也。此则吾哓音瘏口之微意也。

惟心

境者心造也。一切物境皆虚幻，惟心所造之境为真实。同一月夜也，琼筵羽觞，清歌妙舞，绣帘半开，素手相携，则有余乐；劳人思妇，对影独坐，促织鸣壁，枫叶绕船，则有余悲。同一风雨也，三两知己，围炉茅屋，谈今道故，饮酒击剑，则有余兴；独客远行，马头郎当，峭寒侵肌，流潦妨毂，则有余闷。

“月上柳梢头，人约黄昏后”，与“杜宇声声不忍闻，欲黄昏，雨打梨花深闭门”——同一黄昏也，而一为欢憨，一为愁惨，其境绝异。“桃花流水窅然去，别有天地非人间”，与“人面不知何处去，桃花依旧笑春风”——同一桃花也，而一为清净，一为爱恋，其境绝异。“舳舻千里，旌旗蔽空，釃酒临江，横槊赋诗”，与“浔阳江头夜送客，枫叶荻花秋瑟瑟。主人下马客在船，举酒欲饮无管弦”——同一江也，同一舟也，同一酒也，而一为雄壮，一为冷落，其境绝异。然则天下岂有物境哉，但有心境而已！戴绿眼镜者，所见物一切皆绿；戴黄眼镜者，所见物一切皆黄；口含黄连者，所食物一切皆苦；口含蜜饴者，所食物一切皆甜。一切物果绿耶？果黄耶？果苦耶？果甜耶？一切物非绿、非黄、非苦、非甜，一切物亦绿、亦黄、亦苦、亦甜，一切物即绿、即黄、即苦、即甜。然则绿也、黄也、苦也、甜也，其分别不在物而在我，故曰三界惟心。

有二僧因风飏刹幡，相与对论。一僧曰："风动"，一僧曰："幡动"，往复辨难无所决。六祖大师曰："非风动，非幡动，仁者心自动。"任公曰：三界惟心之真理，此一语道破矣。天地间之物一而万、万而一者也。山自山，川自川，春自春，秋自秋，风自风，月自月，花自花，鸟自鸟，万古不变，无地不同。然有百人于此，同受此山、此川、此春、此秋、此风、此月、此花、此鸟之感触，而其心境所现者百焉；千人同受此感触，而其心境所现者千焉；亿万人乃至无量数人同受此感触，而其心境所现者亿万焉，乃至无量数焉。然则欲言物境之果为何状，将谁氏之从乎？仁者见之谓之仁，智者见之谓之智，忧者见之谓之忧，乐者见之谓之乐，吾之所见者，即吾所受之境之真实相也。故曰：惟心所造之境为真实。

然则欲讲养心之学者，可以知所从事矣。三家村学究，得一第，则惊喜失度，自世胄子弟视之何有焉？乞儿获百金于路，则挟持以骄人，自富豪家视之何有焉？飞弹掠面而过，常人变色，自百战老将视之何有焉？"一箪食，一瓢饮，在陋巷，人不堪其忧"，自有道之士视之何有焉？天下之境，无一非可乐、可忧、可惊、可喜者，实无一可乐、可忧、可惊、可喜者。乐之、忧之、惊之、喜之，全在人心，所谓“天下本无事，庸人自扰之”，境则一也。

而我忽然而乐，忽然而忧，无端而惊，无端而喜，果胡为者？如蝇见纸窗而竞钻，如猫捕树影而跳掷，如犬闻风声而狂吠，扰扰焉送一生于惊喜忧乐之中，果胡为者？若是者，谓之知有物而不知有我；知有物而不知有我，谓之我为物役，亦名曰心中之奴隶。

是以豪杰之士，无大惊，无大喜，无大苦，无大乐，无大忧，无大惧。其所以能如此者，岂有他术哉？亦明三界惟心之真理而已，除心中之奴隶而已。苟知此义，则人人皆可以为豪杰。

慧观

同一书也，考据家读之，所触者无一非考据之材料；词章家读之，所触者无一非词章之材料；好作灯谜酒令之人读之，所触者无一非灯谜酒令之材料；经世家读之，所触者无一非经世之材料。同一社会也（即人群），商贾家入之，所遇者无一非锱铢什一之人；江湖名士入之，所遇者无一非咬文嚼字之人；求宦达者入之，所遇者无一非谄上凌下、衣冠优孟之人；怀不平者入之，所遇者无一非陇畔辍耕、东门倚啸之人。

各自占一世界，而各自谓世界之大，已尽于是，此外千形万态，非所见也，非所闻也。昔有白昼攫金于齐市者，吏捕而诘之曰："众目共视之地，汝攫金不畏人耶？"其人曰："吾彼时只见有金，不见有人。"夫一市之人之多，非若秋毫之末之难察也，而攫金者不知之，此其故何哉？昔有佣一蠢仆执爨役者，使购求食物于市，归而曰："市中无食物。"主人曰："嘻，鱼也，豕肉也，芥也，姜也，何一不可食者？"于是仆适市，购辄得之。既而亘一月，朝朝夕夕所食者，皆鱼也，豕肉也，芥也，姜也。主人曰："嘻，盍易他味？"仆曰："市中除鱼与豕肉与芥与姜之外，无有他物。"夫一市之物之多，非若水中微虫，必待显微镜然后能睹者，而蠢仆不知之，此其故何哉？

任公曰：吾观世人所谓智者，其所见，与彼之攫金人与此之蠢仆，相去几何矣？李白、杜甫满地，而衣袯襫、携锄犁者，必不知之；计然、范蠡满地，而摩禹行、效舜趋者，必不知之；陈涉、吴广满地，而飨五鼎、鸣八驺者必不知之。其不知也，则直谓世界中无有此等人也，虽日日以此等人环集于其旁，而彼之视为无有固自若也。不此之笑，而惟笑彼之攫金者与此之蠢仆，何其蔽欤？

人谁不见苹[1]果之坠地，而因以悟重力之原理者，惟有一奈端；人谁不见沸水之腾气，而因以悟汽机之作用者，惟有一瓦特；人谁不见海藻之漂岸，而因以觅得新大陆者，惟有一哥仑布；人谁不见男女之恋爱，而因以看取人情之大动机者，惟有一瑟士丕亚。无名之野花，田夫刈之，牧童蹈之，而窝儿哲窝士于此中见造化之微妙焉；海滩之僵石，渔者所淘余，潮雨所狼藉，而达尔文于此中悟进化之大理焉。故学莫要于善观。善观者，观滴水而知大海，观一指而知全身，不以其所已知蔽其所未知，而常以其所已知推其所未知，是之谓慧观。

[1] 苹：原为"萍"，据文意修改。

第四章

人生须知负责任的苦处，
才能知道尽责任的乐趣

三十自述

“风云入世多，日月掷人急。如何一少年，忽忽已三十。”此余今年正月二十六日在日本东海道汽车中所作《三十初度·口占十首》之一也。人海奔走，年光蹉跎，所志所事，百未一就，揽镜据鞍，能无悲惭？擎一既结集其文，复欲为作小传。余谢之曰：“若某之行谊经历，曾何足有记载之一值。若必不获已者，则人知我，何如我之自知？吾死友谭浏阳曾作《三十自述》，吾毋宁效颦焉。”作《三十自述》。

余乡人也，于赤县神州，有当秦汉之交，屹然独立群雄之表数十年，用其地，与其人，称蛮夷大长，留英雄之名誉于历史上之一省。于其省也，有当宋元之交，我黄帝子孙与北狄异种血战不胜，君臣殉国，自沉崖山，留悲愤之记念于历史上之一县。是即余之故乡也。乡名熊子，距崖山七里强，当西江入南海交汇之冲，其江口列岛七，而熊子宅其中央，余实中国极南之一岛民也。先世自宋末由福州徙南雄，明末由南雄徙新会，定居焉，数百年栖于山谷。族之伯叔兄弟，且耕且读，不问世事，如桃源中人，顾闻父老口碑所述，吾大王父最富于阴德，力耕所获，一粟一帛，辄以分惠诸族党之无告者。王父讳维清，字镜泉，为郡生员，例选广文，不就。王母氏黎。父名宝瑛，字莲涧。夙教授于乡里。母氏赵。

余生同治癸酉正月二十六日，实太平国亡于金陵后十年，清大学士曾国藩卒后一年，普法战争后三年，而意大利建国罗马之岁也。生一月而王母黎卒。逮事王父者十九年。王父及见之孙八人，而爱余尤甚。三岁仲弟启勋生，四五岁就王父及母膝下授四子书、《诗经》，夜则就睡王父榻，日与言古豪杰哲人嘉言懿行，而尤喜举亡宋、亡明国难之事，津津道之。六岁后，就父读，受中国略史，五经卒业。八岁学为文。九岁能缀千言。十二岁应试学院，补博士弟子员，日治帖括，虽心不慊之，然不知天地间于帖括外，更有所谓学也，辄埋头钻研，顾颇喜词章。

王父、父母时授以唐人诗，嗜之过于八股。家贫无书可读，惟有《史记》一，《纲鉴易知录》一，王父、父日以课之，故至今《史记》之文，能成诵八九。父执有爱其慧者，赠以《汉书》一，姚氏《古文辞类纂》一，则大喜，读之卒业焉。父慈而严，督课之外，使之劳作，言语举动稍不谨，辄呵斥不少假借，常训之曰：“汝自视乃如常儿乎！”至今诵此语不敢忘。十三岁始知有段、王训诂之学，大好之，渐有弃帖括之志。十五岁，母赵恭人见背，以四弟之产难也，余方游学省会，而时无轮舶，奔丧归乡，已不获亲含殓，终天之恨，莫此为甚。时肄业于省会之学海堂，堂为嘉庆间前总督阮元所立，以训诂词章课粤人者也。至是乃决舍帖括以从事于此，不知天地间于训诂词章之外，更有所谓学也。己丑年十七，举于乡，主考为李尚书端棻，王镇江仁堪。年十八计偕入京师，父以其稚也，挈与偕行，李公以其妹许字焉。下第归，道上海，从坊间购得《瀛环志略》读之，始知有五大洲各国，且见上海制造局译出西书若干种，心好之，以无力不能购也。

其年秋，始交陈通甫。通甫时亦肄业学海堂，以高才生闻。既而通甫相语曰："吾闻南海康先生上书请变法，不达，新从京师归，吾往谒焉，其学乃为吾与子所未梦及，吾与子今得师矣。"于是乃因通甫修弟子礼事南海先生。时余以少年科第，且于时流所推重之训诂词章学，颇有所知，辄沾沾自喜。先生乃以大海潮音，作狮子吼，取其所挟持之数百年无用旧学更端驳诘，悉举而摧陷廓清之。自辰入见，及戌始退，冷水浇背，当头一棒，一旦尽失其故垒，惘惘然不知所从事，且惊且喜，且怨且艾，且疑且惧，与通甫联床竟夕不能寐。明日再谒，请为学方针，先生乃教以陆王心学，而并及史学、西学之梗概。自是决然舍去旧学，自退出学海堂，而间日请业南海之门。生平知有学自兹始。

辛卯余年十九，南海先生始讲学于广东省城长兴里之万木草堂，徇通甫与余之请也。先生为讲中国数千年来学术源流，历史政治，沿革得失，取万国以比例推断之。余与诸同学日札记其讲义，一生学问之得力，皆在此年。先生又常为语佛学之精奥博大，余夙根浅薄，不能多所受。先生时方著《公理通》《大同学》等书，每与通甫商榷，辨析入微，余辄侍末席，有听受，无问难，盖知其美而不能通其故也。先生著

《新学伪经考》，从事校勘；著《孔子改制考》，从事分纂。日课则《宋元明儒学案》、二十四史、《文献通考》等，而草堂颇有藏书，得恣涉猎，学稍进矣。其年始交康幼博。十月，入京师，结婚李氏。明年壬辰，年二十，王父弃养。自是学于草堂者凡三年。

甲午年二十二，客京师，于京国所谓名士者多所往还。六月，日本战事起，惋愤时局，时有所吐露，人微言轻，莫之闻也。顾益读译书，治算学、地理、历史等。明年乙未，和议成，代表广东公车百九十人，上书陈时局。既而南海先生联公车三千人，上书请变法，余亦从其后奔走焉。其年七月，京师强学会开，发起之者，为南海先生，赞之者为郎中陈炽，郎中沈曾植，编修张孝谦，浙江温处道袁世凯等。余被委为会中书记员。不三月，为言官所劾，会封禁。而余居会所数月，会中于译出西书购置颇备，得以余日尽浏览之，而后益斐然有述作之志。其年始交谭复生、杨叔峤、吴季清铁樵、子发父子。

京师之开强学会也，上海亦踵起。京师会禁，上海会亦废。而黄公度倡议续其余绪，开一报馆，以书见招。三月去京师，至上海，始交公度。七月《时务报》开，余专任撰述之役，报馆生涯自兹始，著《变法通议》《西学书目表》等书。其冬，公度简出使德国大臣，奏请偕行，会公度使事辍，不果。出使美、日、秘大臣伍廷芳，复奏派为参赞，力辞之。伍固请，许以来年往，既而终辞，专任报事。丁酉四月，直隶总督王文韶，湖广总督张之洞，大理寺卿盛宣怀，连衔奏保，有旨交铁路大臣差遣，余不之知也。既而以札来，粘奏折上谕焉，以不愿被人差遣辞之。张之洞屡招邀，欲致之幕府，固辞。时谭复生宦隐金陵，间月至上海，相过从，连舆接席。复生著《仁学》，每成一篇，辄相商榷，相与治佛学，复生所以砥砺之者良厚。十月，湖南陈中丞宝箴，江督学标，聘主湖南时务学堂讲席，就之。时公度官湖南按察使，复生亦归湘助乡治，湘中同志称极盛。未几，德国割据胶州湾事起，瓜分之忧，震动全国，而湖南始创南学会，将以为地方自治之基础，余颇有所赞画。而时务学堂于精神教育，亦三致意焉。其年始交刘裴邨、林暾谷、唐绂丞，及时务学堂诸生李虎村、林述唐、田均一、蔡树珊等。

明年戊戌，年二十六。春，大病几死，出就医上海，既痊，乃入京师。南海先生方开保国会，余多所赞画奔走。四月，以徐侍郎致靖之荐，总理衙门再荐，被召见，命办大学堂译书局事务。时朝廷锐意变法，百度更新，南海先生深受主知，言听谏行，复生、暾谷、叔峤、裴邨，以京卿参预新政，余亦从诸君子之后，黾勉尽瘁。八月政变，六君子为国流血，南海以英人仗义出险，余遂乘日本大岛兵舰而东。去国以来，忽忽四年矣。

戊戌九月至日本，十月与横滨商界诸同志谋设《清议报》。自此居日本东京者一年，稍能读东文，思想为之一变。己亥七月，复与滨人共设高等大同学校于东京，以为内地留学生预备科之用，即今之清华学校是也。其年美洲商界同志，始有中国维新会之设，由南海先生所鼓舞也。冬间美洲人招往游，应之。以十一月首途，道出夏威夷岛，其地华商二万余人，相縶留，因暂住焉，创夏威夷维新会。适以治疫故，航路不通，遂居夏威夷半年。至庚子六月，方欲入美，而义和团变已大起，内地消息，风声鹤唳，一日百变。已而屡得内地函电，促归国，遂回马首而西，比及日本，已闻北京失守之报。七月急归沪，方思有所效，抵沪之翌日，而汉口难作，唐、林、李、蔡、黎、傅诸烈，先后就义，公私皆不获有所救。留沪十日，遂去，适香港，既而渡南洋，谒南海，遂道印度，游澳洲，应彼中维新会之招也。居澳半年，由西而东，环洲历一周而还。辛丑四月，复至日本。

尔来蛰居东国，忽又岁余矣，所志所事，百不一就，惟日日为文字之奴隶，空言喋喋，无补时艰。平旦自思，只有惭悚。顾自审我之才力，及我今日之地位，舍此更无术可以尽国民责任于万一。兹事虽小，亦安得已。一年以来，颇竭棉薄，欲草一中国通史以助爱国思想之发达，然荏苒日月，至今犹未能成十之二。惟于今春为《新民丛报》，冬间复创刊《新小说》，述其所学所怀抱者，以质于当世达人志士，冀以为中国国民遒铎之一助。呜呼！国家多难，岁月如流，眇眇之身，力小任重。吾友韩孔广诗云："舌下无英雄，笔底无奇士。"呜呼，笔舌生涯，已催我中年矣！此后所以报国民之恩者，未知何如？每一念及，未尝不惊心动魄，抑塞而谁语也。

孔子纪元二千四百五十三年壬寅十一月，任公自述。

成败

凡任天下大事者，不可不先破成败之见。然欲破此见，大非易事。必知天下之事，无所谓成，无所谓败，参透此理而笃信之，则庶几矣。何言乎无所谓成？天下进化之理，无有穷也，进一级更有一级，透一层更有一层，今之所谓文明大业者，自他日观之，或笑为野蛮，不值一钱矣。然则所谓成者果何在乎？

使吾之业能成于一国，而全世界应办之事复无限，其不成者正多矣；使吾之业能成于一时，而将来世界应办之事复无限，其不成者正多矣。况即以一时一国论之，欲求所谓美满、圆好、毫无缺憾者，终不可得，其有缺憾者，即其不成者也。盖世界之进化无穷，故事业亦因之无穷，而人生之年命境遇、聪明才力则有穷。以有穷者入于无穷者，而欲云有成，万无是处。何言乎无所谓败？天下之理，不外因果。不造因则断不能结果，既造因则无有不结果，而其结果之迟速远近，则因其内力与外境而生种种差别。浅见之徒，偶然未见其结果，因谓之为败云尔，不知败于此者或成于彼，败于今者或成于后，败于我者或成于人。

尽一分之心力，必有一分之补益，故惟日孜孜，但以造因为事，则他日结果之收成，必有不可量者。若怵于目前，以为败矣败矣，而不复办事，则遂无成之一日而已。故办事者，立于不败之地者也；不办事者，立于全败之地者也。苟通乎此二理，知无所谓成，则无希冀心；知无所谓败，则无恐怖心。无希冀心，无恐怖心，然后尽吾职分之所当为，行吾良知所不能自己，奋其身以入于世界中，磊磊落落，独往独来，大丈夫之志也，大丈夫之行也！

日本维新之首功，西乡乎？木户乎？大久保乎？曰：唯唯否否。伊藤乎？大隈乎？井上乎？后藤乎？板垣乎？曰：唯唯否否。诸子皆以成为成者也。若以败为成者，则吉田松阴其人是也。吉田诸先辈造其因，而明治诸元勋收其果。无因则无果，故吉田辈当为功首也。考松阴生平欲办之事，无一成者，初欲投西舰逃海外求学而不成，既欲纠志士入京都勤王而不成，既欲遣同志阻长藩东上而不成，事事为当道所抑压，卒坐吏议就戮，时年不过三十，其败也可谓至矣。然松阴死后，举国志士，风起水涌，卒倾幕府，成维新，长门藩士最有力焉，皆松阴之门人也。吾所谓败于今而成于后，败于己而成于人，正谓是也。丈夫以身任天下事，为天下耳，非为身也，但有益于天下，成之何必自我？必求自我成之，则是为身也，非为天下也。

吉田松阴曰："今之号称正义人，观望持重者，比比皆是，是为最大下策；何如轻快捷速，打破局面，然后徐图占地布石之为胜乎？”又曰：“士不志道则已，苟志道矣，而畏祸惧罪，有所不尽于言，取容当世，贻误将来，岂君子学者之所为哉？”又曰：“今日事机之会，朝去夕来，使有志之士，随变喜怒于其间，何能有为？”又曰：“当今天下之事，有眼者皆见而知之，吾党为任甚重，立志宜大，不可区区而自足。”又曰：“生死离合，人事倏忽，但不夺者志，不灭者业，天地间可恃者独是而已。死生原是开阖眼，祸福正如反覆手。呜呼！大丈夫之所重，在彼不在此也。”又曰：“今世俗有一说曰，时尚未至，轻动取败，何如浮沉流俗，免人怪怒，乘时一起，攫取功名耶？当今所谓有志之士，皆抱持此说。抱持此说者，岂未思今上皇帝之宸优乎？宸忧如彼，犹抱持此说，非士之有志者也。”以上各条，吾愿以书诸绅，亦愿我同志以书诸绅。

读松阴之集，然后知日本有今日之维新者，盖非偶然矣。老子曰：“不为天下先。”盖为天下先者，未有不败者也。然天下人人皆畏败而惮先，天下遂以腐坏不可收拾。吉田松阴之流，先天下以自取败者也。天下之事，往往有数百年梦想不及者，忽焉一人倡之，数人和之，不数年而遍于天下焉。苟无此倡之之一人，则或沉埋隐伏，更历数十年、数百年而不出现，石沉大海，云散太虚而已。然后叹老氏之学之毒天下，未有艾也。

忧国与爱国

有忧国者，有爱国者。爱国者语忧国者曰：汝曷为好言国民之所短？曰：吾惟忧之之故。忧国者语爱国者曰：汝曷为好言国民之所长？曰：吾惟爱之之故。忧国之言，使人作愤激之气；爱国之言，使人厉进取之心，此其所长也。忧国之言，使人堕颓放之志；爱国之言，使人生保守之思，此其所短也。朱子曰："教学者如扶醉人，扶得东来西又倒。"用之不得其当，虽善言亦足以误天下。为报馆主笔者，于此中消息，不可不留意焉。

今天下之可忧者，莫中国若；天下之可爱者，亦莫中国若。吾愈益忧之，则愈益爱之；愈益爱之，则愈益忧之。既欲哭之，又欲歌之。吾哭矣，谁欤踊者？吾歌矣，谁欤和者？

日本青年有问任公者曰：支那人皆视欧人如蛇蝎，虽有识之士亦不免，虽公亦不免，何也？任公曰：视欧人如蛇蝎者，惟昔为然耳。今则反是，视欧人如神明，崇之拜之，献媚之，乞怜之，若是者，比比皆然，而号称有识之士者益甚。昔惟人人以为蛇蝎，吾故不敢不言其可爱；今惟人人以为神明，吾故不敢不言其可嫉。若语其实，则欧人非神明、非蛇蝎，亦神明、亦蛇蝎，即神明、即蛇蝎。虽然，此不过就客观的言之耳。若自主观的言之，则我中国苟能自立也，神明将奈何？蛇蝎又将奈何？苟不能自立也，非神明将奈何？非蛇蝎又将奈何？

作官与谋生

居京师稍久，试以冷眼观察社会情状，则有一事最足令人瞿然惊者，曰求官之人之多是也。以余所闻，居城厢内外旅馆者恒十数万，其什之八九皆为求官来也。而其住各会馆及寄食于亲友家者，数且相当。京师既若是矣，各省亦莫不然。大抵以全国计之，其现在日费精神以谋得官者，恐不下数百万人。问其皇皇求官之故，为作官荣耶？为作官乐耶？皆不然。盖大率皆舍作官外更无道以得衣食，质言之，则凡以谋生而已。

在欧美各国，比年以来，所谓劳佣职业问题、妇女职业问题等，日喧豗于社会，非好为喧豗也，彼实迫于冻馁为救死之计。我国之皇皇求官者，泰半皆此类也。夫人至于为救死之故而有所求，虽圣贤盖亦有不能过为责备者矣。虽然，责备固有所不忍施，而分配则终亦穷于术。盖其性质既变为职业问题，则自不得不为生计原则所宰制。生计原则，凡值供给过于需要之时，救济之法，惟有二途。一曰设法增加其需要，二曰设法节少其供给。两皆不能，则其生计社会必生大混乱，而为此大混乱之牺牲者将不可纪极。今试问官吏之需要，是否可以随意增加于无量？

比年以来，国家以此救济问题故，亦既屡从增加需要，一面设法，增机关增人员，日不暇给，其恶影响之及于政治上者何若，且勿深论，然其量终必有所穷，今亦届既穷之时矣。计自今以往，此项需要，只有递减，决无递增，而献其身以作供给品者，乃日出而不穷。譬诸市面上某项货物，既已充牣不售，而机器厂乃日夜轧轧而制造之，续制之品，只有堆积腐朽，结果则拉杂摧烧而已。夫物品自无知识，造作安置，壹听于人，未由自主，及其朽腐摧烧也。君子犹以为暴殄而哀之，今以灵长万物之身，且在国中为较有学问较有才技者，而偏自投于此种不需要之供给，日蹙蹙焉待朽腐摧烧之期之至，天下之不智，莫过是也，天下之可哀，莫过是也。

吾国此种职业问题，发生盖已甚久，至前清之季而渐甚，至今日而极甚。盖学优则仕之思想，千年来深入人心，凡学皆以求仕也。昔吾在日本，偶与其政治家后藤新平语，询以台湾教育情形，（后藤时为台湾民政长官）答曰："有最困难者一事，凡入学校者则志在求官，无志求官者则亦不复肯就学。"此语可谓能曲写中国人心理。盖仕途挤拥之叹，由来久矣。

然畴昔科举，限以额数，下第者只伤时命，未由干进，久之亦惟求他途以自活。咸同以还，捐纳保举杂起，得官之途渐广矣。及科举废而留学生考试代兴，光宣之交，各种新式考试杂然并陈，其导人以作官之兴者至浓。鼎革之交，万流骈进，其间中央政府、地方政府交迭频数，而大小官吏之旅进旅退，岁且数度，重以各地秩序未复，群盗满山，村落殆不可居，人民轻去其乡，冀就食于都市，他既无所得食，则惟官是望。而留学于外学成而归者，卒业于本国各种学校者，岁亦以万数千计，其惟一自活之道，则亦曰官。坐此诸因，故官市之供给品，其量乃挹之不竭。

今试将此等供给品略区别其种类，其第一种，则前此曾为官，中间失之，今复求得之者，内分两类。甲类，在前清久已以官为职业，舍作官外更无他技能，故必欲求恢复旧职以救饥寒，且亦所便习，若有烟酒癖者，失此则无以自聊也。乙类，自民国成立以来，缘意外之机会，得为官吏或各种合议机关之议员，旋以意外之挫折失之，然既一度获尝公职之滋味，则常若有余甘，不忍舍去。

其第二种，则前此本未尝为官，而今始求之者，亦分两类。甲类，留学生归国及国内学校卒业者，大抵年富力强，原不必以官为业，而因一时求业颇艰，不如求官之可以幸获，且亦见其前辈之以此途进者，若甚尊荣安富焉，歆羡而思踵其武。乙种，则平昔在地方上稍有地位之人，今缘地方公益事无甚可着手，且家食大不易，不若改求仕进，且又见乎数年来得官之甚易，谓何妨且一尝试。此两种四类者，殆皆为前清时代所未尝有，虽间有之亦为例外。迨民国成立，仅仅二三年间，一面缘客观的时势之逼迫诱引，一面缘主观的心理之畔援歆羡，几于驱全国稍稍读书识字略有艺能之辈，而悉集于作官之一途。问其何以然，则亦衣食而已。盖至今日而上中流人士之衣食问题，确为中国一种奇特之社会问题，无可疑也。

今世各国，殆无不以社会问题为苦，朝野上下，咸汲汲思所以救济解决之。救济解决之法，不外使无业之人有道以得业，其法不能行则无论耳。但使能行，则未有不为国家之利，盖了无业之人以业，则其人之劳力，不至废业不用，而得出之以为国家从事生产也。中国此种奇特之社会问题，则正相反，不救济之，则个人暂蒙苦痛已耳。若思救济之，势必举全国可以有业之人，悉变为无业，而全国之聪明才力，乃真废弃不用矣。

今中国为救济此种奇特之社会问题故，乃演出两种奇特之政治现象。一曰多养兵，所以救济低级人民之社会问题也。问中国曷为养尔许之兵，为国防耶？则共知对外决不能一战矣。为地方治安耶？则有警察矣。近又倡团保颁条例矣，然则兵曷为不裁？裁之则且变为盗也。前此以患盗故，方且招一部分之盗编以为兵，而盗幸少弭，今若解此羁縻，是益盗也。质言之，民缘无业故流而为盗，国家则予之以业而名曰兵。故养兵之目的与他国绝异，他国养兵为国防问题，我国养兵则为救济社会问题也。此种救济法有效乎？能举全国无业之人而悉兵之乎？曰：是固知不能，聊救济其一部而已。此奇特政象之一也。

二曰多设官，所以救济上中级人民之社会问题也。问中国政务需官吏若干人数始能举之？曰：得如今日官吏总额十分之一或二三十分之一，优足以举之矣。曷为设尔许官职？

求官者多，国家义当周之也。增设诸职，而国家应举之政亦增举乎？曰：是非所问，救济此种社会问题，即国家第一大政，他政未或能先，故可不问也。此种救济法有效乎？能举全国无业之人而悉官之乎？曰：是固知不能，聊救济其一部而已。此又奇特政象之一也。

今国中凡百政治，殆可谓无一非为救济此两种问题而设。谓余不信，试观今日最劳当局之神思者，岂非理财耶？问理得之财何用？曰：养兵需财，养官需财。国家必需此兵然后养之耶？国家必需此官然后养之耶？曰：是安知者。吾但知兵待养于国家而国家养之，吾但知官待养于国家而国家养之。人人皆曰吾侪曷为乐有国家，以国家之能养我而已。

彼国家者，固宜如白傅百丈之裘，如少陵万间之厦，日思所以养吾侪之欲而给吾侪之求，而国家亦自认此为最大之天职，孜孜焉惟养之给之是务。国家之财不能由天降由地出也，则乞贷之于外，以债累遗子孙，不给则取诸国中之有业者，使出其血汗所得以养此无业者。在国家博施济众，挹彼注兹，或且方以此为一种不得已之仁政，然使全国人遂皆以有业为苦，以无业为幸，全国人皆待养于国家，而国家遂终无以为养，则养者与待养者俱毙而已。呜呼！今日政治之趋势，则岂不如是耶？

天下事恒递相为因递相为果，此种奇特之社会现象，固大半由政治作用诱导使然，此种奇特之政治现象，抑何尝非由社会情实要求所致？夫低级人民且勿论矣，乃至所谓上中级人民者而悉皆待养于国家，则国家亦复能如彼何？夫国家法制，固全国人民意力所构成也。而上中级人民，又国家之干也，故国家政象，常为多数上中级人民心理所左右，自然之势也。人人痛心疾首于政象之混浊，试思为此等心理所左右之政象，果有何术以使之清明者？此且勿具论，专就个人所以自处者言之。

吾以为恃作官为谋生之具者，天下作计之拙，莫过是矣。夫官业（指恃官以谋生者，省作此称，以便行文，非指官办实业也，勿误。）所以最足歆动人者，则劳作少而收入丰也。大抵今日中国官吏，就中除百分之一二特别贤劳外，其他大部分若改执他种职业，则以现在所费之劳力，决不能得现在所受之报酬，其中尤有一部分纯然坐食，曾不必出丝毫之劳力以为易，人人咸羡而趋之，固无足怪。然吾以为金钱之为物，苟非以相当之劳力而得之享之，可直谓人生一大不幸事。盖此种境遇，处之稍久，则其人不与惰期而惰自乘之，惰气一中，即为终身堕落之媒。凡人生之运命，惟不断之奋斗为能开拓之。

曾文正云：精神愈用则愈出，才智愈磨则愈进。无论欲为社会立德立功，欲为一身保家裕后，要当以自强不息一语，为运命之中坚，而安坐而食之生涯，最能使人之精神体魄，皆渐消磨，现一种凝滞萎悴麻木之态，久之乃真成为社会上无用之长物。吾现身说法，自觉数月以来，此种恶空气之相袭者已至可怖，不知他人亦曾否与吾同感也。夫苟血气就衰之人，自审前途更无责任之可负，则求区区薄禄，如宋人之乞柯领观，如泰西之年金养老，斯或无可奈何之数。若年富力强之人而断送一生于此间，则天下可哀愍之事，莫过是也。

或曰：服官奉职，亦何尝不足以增长阅历磨炼精神，何至如子所言之甚？答曰：诚然，然论事当举其多数者以为标帜，此公例也。吾不云官吏中固有百分之二备极贤劳乎？然无数官吏中，其能在此数者有几，今又勿具论。即曰能阅历磨炼，而历炼所得，其足以为吾侪安身立命之资者实甚希，盖官吏所执之务，其被动者什恒九，而自动者不得一，历练所得最良之结果，不过举吾脑识官肢，变为一最完备灵敏之机器而已。夫社会以分劳为贵，吾岂谓欲劝全国之人才皆求为自动而不屑为被动。虽然，举全国人才而皆被动，则国家事业之萎悴，果当何似者？夫我国近年来只能产极干练之事务家，而可称为政治家者殆不一二觏。盖阅历于官吏社会者，其所得之结果只能如是也。夫国家而欲求国力之充实滋长，惟当设法使全国各种类之人皆能如其分量以尽其才用，个人而欲自树立于社会，亦最宜自察才性之所近，而善推之以致用立业。若是者，吾名之曰个性发育主义。个性发育主义者，无论为社会全体计，为个人计，皆必要而至可尊也。而求阅历于官吏社会，则与个性发育主义最相妨者也。

今试问国中大多数之青年，其性质实宜于为官吏者果有几许？其所学与官吏事业绝尤关系者亦且泰半，今乃悉投诸官吏之大制造厂中，而作其机器之一轮一齿，其自暴殄毋乃太甚乎？夫人之才性，发育甚难，而消退至易，虽有善讴之伶，经年不度曲则失其声；虽有善射之夫，经年不弯弓则失其技。冥洞之鱼，非无目也，以不用目故，移置明湖，终不见物；

霞鞲中之鹰，虽释其缚而不能高举也。今鬻身于官吏社会，其洗礼受戒之第一语，则曰“姑舍汝所学而从我”，故人之稍久，势不能不将己身所固有之本能，悉从束阁。束阁经时，即本能消失，如暖室之花，移置庭院，转不能遂其生。至是，虽欲不以官为业焉，不可得矣。

夫至欲不以官为业而不可得，则方来之苦况，岂有量哉。又以官吏之量供过于求，故其得之也，必须至剧烈之竞争，而此种竞争，非若陈货于肆，惟良斯售，而其间恒杂以卑屈之钻营，阴险之倾轧。其既得而患失也，则亦若是。故虽以志节之士，一入乎其中，则不得不丧其本来，而人格既日趋卑微，则此后自树立之途乃愈隘。

综以上诸端论之，则夫皇皇然惟官是求者，微论其不得也，即得焉而所丧已不足以偿，况当今日需要已充供给太溢之时，虽赌性命以求焉，而能得者终不及千百之一也。吾绝不敢摭拾理学家高尚迂远之谈以相劝勉，吾惟从个人利害上相与商榷，不惜苦口以为迷途中人告。呜呼！吾言犹有一二可听者乎，则亦可以幡然知变矣。吾知闻者必曰：子劝我知变，子教我何变而可？子既知我之求官，非以为荣，非以为乐，乃实以救死，使有他途可以救死者，吾宁不愿？而其途皆穷，则舍官何适？况吾子今方盗太仓之廪，泰然受豢养于国家而乃劝人以勿尔，抑何不恕？应之曰：斯皆然也，吾诚为受豢子国之一人。吾正惟经历此种受豢生涯，乃深知所得不足偿所丧，故言之益亲切有味。

今举凡一切德义节操等问题，且置勿论，事就利害言，则作官绝非谋生之良策，吾所经历，即其显证也。又姑舍是，以今日生计现象海枯石烂之时，士君子惟求升斗之禄以期毋转死于沟壑，彼盖既计无复之不得已而出于此，而我乃劝以作他计，其谁能倾听？虽然，当知他途固皆穷也，而此途亦何尝不穷？乃多数人不知其为穷途，方彳亍回旋于其间，及其知焉，乃益穷而不能复，斯则最可悲也。夫等是穷也，在此途中，拯吾穷者惟赖他人，在他途中，吾之力或尚能自拯。在此途中，虽见拯而能苏吾穷者有几，在他途中，万一能自拯焉，则前途或荡荡然惟我掉臂矣。是故于两穷之间，智者不可不慎所择也。

若更问曰：他途亦多矣，子劝我何择而可？曰：此则非吾所能对也，人各有其本能，则择业宜自各省其所适，吾安能以共通之辞对者？虽然，吾敢信今日全世界人类中以云谋生之道，尚推中国人为最易，稍有技能之士，但使能将依赖心与侥幸心铲除净尽，振其惰气，以就奋斗之途，未必在此天府雄国中，竟无立足地。呜呼！是在豪杰之士也已。夫今日吾侪国运所遭值与吾侪身家所遭值，而皆屯遭险艰，达于极度，非死中求生，末由自拔。呜呼！是在豪杰之士也已。

敬业与乐业

——在上海中华职业学校讲演

（1922年8月14日）

我这题目，是把《礼记》里头“敬业乐群”和《老子》里头“安其居，乐其业”那两句话，断章取义造出来。我所说是否与《礼记》《老子》原意相合，不必深求，但我确信“敬业乐业”四个字，是人类生活不二法门。

本题主眼，自然是在“敬”字、“乐”字。但必先有业，才有可敬可乐的主体，理至易明。所以在讲演正文以前，先要说说有业之必要。

孔子说：“饱食终日，无所用心，难矣哉！”又说：“群居终日，言不及义，好行小慧，难矣哉！”孔子是一位教育大家，他心目中没有什么人不可教诲，独独对于这两种人便摇头叹气说道“难、难”。可见人生一切毛病都有药可医，惟有无业游民，虽大圣人碰着他，也没有办法。

唐朝有一位名僧百丈禅师，他常常用两句格言教训弟子，说道：“一日不做事，一日不吃饭。”他每日除上堂说法之外，还要自己扫地、擦桌子、洗衣服，直到八十岁，日日如此。

有一回，他的门生想替他服劳，把他本日应做的工悄悄地都做了，这位言行相顾的老禅师老实不客气，那一天便绝对的不肯吃饭。

我征引儒门、佛门这两段话，不外证明人人都要正当职业，人人都要不断的劳作。倘若有人问我：百行什么为先？万恶什么为首？我便一点不迟疑答道：“百行业为先，万恶懒为首。”没有职业的懒人，简直是社会上的蛀米虫，简直是“掠夺别人勤劳结果”的盗贼。我们对于这种人，是要彻底讨伐，万不能容赦的。有人说：我并不是不想找职业，无奈找不出来。我说：职业难找，原是现代全世界普通现象，我也承认。这种现象应该如何救济，别是一个问题，今日不必讨论。但以中国现在情形论，找职业的机会依然比别国多得多，一个精力充满的壮年人，倘若不是安心躲懒，我敢信他一定能得相当职业。今日所讲，专为现在有职业及现在正做职业上预备的人——学生——说法，告诉他们对于自己现有的职业应采何种态度。

第一要敬业。“敬”字为古圣贤教人做人最简易直捷的法门，可惜被后来有些人说得太精微，倒变了不适实用了。惟有朱子解得最好，他说：“主一无适便是敬。”用现在的话讲，凡做一件事便忠于一件事，将全副精力集中到这事上头，一点不旁骛，便是敬。业有什么可敬呢？为什么该敬呢？人类一面为生活而劳动，一面也是为劳动而生活。人类既不是上帝特地制来充当消化面包的机器，自然该各人因自己的地位和才力，认定一件事去做。凡可以名为一件事的，其性质都是可敬。当大总统是一件事，拉黄包车也是一件事，事的名称，从俗人眼里看来有高下，事的性质，从学理上解剖起来并没有高下。只要当大总统的人信得过我可以当大总统才去当，实实在在把总统当作一件正经事来做；拉黄包车的人信得过我可以拉黄包车才去拉，实实在在把拉车当作一件正经事来做；便是人生合理的生活，这叫做职业的神圣。凡职业没有不是神圣的，所以凡职业没有不是可敬的，惟其如此，所以我们对于各种职业，没有什么分别拣择。总之，人生在世是要天天劳作的，劳作便是功德，不劳作便是罪恶。至于我该做那一种劳作呢？全看我的才能何如，境地何如，因自己的才能境地做一种劳作，做到圆满，便是天地间第一等人。

怎样才能把一种劳作做到圆满呢？唯一的秘诀就是忠实，忠实从心理上发出来的便是敬。《庄子》记痀偻丈人承蜩的故事，说道："虽天地之大，万物之多，而惟吾蜩翼之知。"凡做一件事，便把这件事看作我的生命，无论别的什么好处，到底不肯牺牲我现做的事来和他交换。我信得过我当木匠的做成一张好桌子，和你们当政治家的建设成一个共和国家，同一价值；我信得过我当挑粪的把马桶收拾得干净，和你们当军人的打胜一支压境的敌军，同一价值。大家同是替社会做事，你不必羡慕我，我不必羡慕你，怕的是我这件事做得不妥当，便对不起这一天里头所吃的饭。所以我做事的时候，丝毫不肯分心到事外。

曾文正说："坐这山，望那山，一事无成。"我从前看见一位法国学者著的书，比较英法两国国民性，他说："到英国人公事房里头，只看见他们埋头执笔做他的事；到法国人公事房里头，只看见他们衔着烟卷，像在那里出神。英国人走路眼注地上，像用全副精神注在走路上；法国人走路总是东张西望，像不把走路当一回事。"这些话比较得是否确切，姑且不论，但很可以为"敬业"两个字下注脚。若果如他所说，英国人便是敬，法国人便是不敬。一个人对于自己的职业不敬，从学理方面说，便亵渎职业之神圣；从事实方面说，一定把事情做糟了，结果自己害自己。所以敬业主义于人生最为必要，又于人生最为有利。庄子说："用志不分，乃凝于神。"孔子说："素其位而行，不愿乎其外。"我说的敬业，不外这些道理。

第二要乐业。"做工好苦呀！"这种叹气的声音，无论何人都会常在口边流露出来，但我要问他："做工苦，难道不做工就不苦吗？"今日大热天气，我在这里喊破喉咙来讲，诸君扯直耳朵来听，有些人看着我们好苦。翻过来，倘若我们去赌钱、去吃酒，还不是一样的淘神费力，难道又不苦？须知苦乐全在主观的心，不在客观的事。人生从出胎的那一秒钟起，到咽气的那一秒钟止，除了睡觉以外，总不能把四肢五官都阁起不用，只要一用，不是淘神，便是费力，劳苦总是免不掉的。会打算盘的人，只有从劳苦中找出快乐来。我想天下第一等苦人，莫过于无业游民，终日闲游浪荡，不知把自己的身子和心子摆在那里才好，他们的日子真难过。第二等苦人，便是厌恶自己本业的人，这件事分明不能不做，却满肚子里不愿意做，不愿意做，逃得了吗？到底不能，结果还是皱着眉头、哭丧着脸做去，这不是专门自己替自己开顽笑吗？

我老实告诉你一句话：凡职业都是有趣味的，只要你肯继续做下去，趣味自然会发生。为什么呢？第一，因为凡一件职业，总有许多层累曲折，倘能身入其中，看他变化进展的状态，最为亲切有味。第二，因为每一职业之成就，离不了奋斗，一步一步的奋斗前去，从刻苦中得快乐，快乐的分量加增。第三，职业的性质常常要和同业的人比较骈进，好像赛球一般，因竞胜而得快乐。第四，专心做一职业时，把许多游思妄想杜绝了，省却无限闲烦恼。孔子说："知之者不如好之者，好之者不如乐之者。"人生能从自己职业中领略出趣味，生活才有价值。孔子自述生平，说道："其为人也，发愤忘食，乐以忘忧，不知老之将至云尔。"这种生活，真算得人类理想的生活了。

我生平最受用的有两句话：一是"责任心"，二是"趣味"。我自己常常力求这两句话之实现与调和，又常常把这两句话向我的朋友强聒不舍。今天所讲，敬业即是责任心，乐业即是趣味。我深信人类合理的生活总该如此，我盼望诸君和我同一受用。

英雄与时势

或云英雄造时势，或云时势造英雄，此二语皆名言也。为前之说者曰："英雄者，人间世之造物主也。"人间世之大事业，皆英雄心中所蕴蓄而发现者，虽谓世界之历史，即英雄之传记，殆无不可也。故有路得，然后有新教；有哥仑布，然后有新洲；有华盛顿，然后有美国独立；有俾士麦，然后有德国联邦。

为后之说者曰：英雄者，乘时者也，非能造时者也。人群之所渐渍、积累、旁薄、蕴蓄，既已持满而将发，于斯时也，自能孕育英雄，以承其乏。故英雄虽有利益及于人群，要不过以其所受于人群之利益而还付之耳。故使路得非生于十六世纪（西人以耶稣纪年一百年为一世纪），而生于第十世纪，或不能成改革宗教之功；使十六世纪即无路得，亦必有他人起而改革之者。其他之实例亦然，虽无歌白尼，地动之说终必行于世；虽无哥仑布，美洲新世界终必出现。

余谓两说皆是也。英雄固能造时势，时势亦能造英雄，英雄与时势，二者如形影之相随，未尝少离。既有英雄，必有时势；既有时势，必有英雄。呜呼，今日禹域之厄运，亦已极矣！地球之杀气，亦已深矣！孟子不云乎：“以其数则过矣，以其时考之则可矣。”斯乃举天下翘首企足喁喁焉望英雄之时也。二三豪俊为时出，整顿乾坤济时了。我同志，我少年，其可自菲薄乎？

意大利当罗马久亡，教皇猖披，奥国干涉，岌岌不可终日之时，而始有嘉富尔；普鲁士当日耳曼列国散漫积弱，见制法人，国体全失之时，而始有俾士麦；美利坚当受英压制，民不聊生之时，而始有华盛顿。然则，人特患不英不雄耳，果为英雄，则时势之艰难危险何有焉？暴雷烈风，群鸟戢翼恐惧，而蛟龙乘之飞行绝迹焉；惊涛骇浪，鯈鱼失所错愕，而鲸鲲御之一徙千里焉。故英雄之能事，以用时势为起点，以造时势为究竟。英雄与时势，互相为因，互相为果，造因不断，斯结果不断。

第五章

今日之竞争，不在腕力而在脑力

什么是文化

“什么是文化？”这个定义真是不容易下。因为这类抽象名词，都是各家学者各从其所抽之象而异其概念，所以往往发生聚讼。何况“文化”这个概念，原是很晚出的，从翁特（Wundt）和立卡儿特（Rickert）以后，才算成立，他的定义，只怕还没有讨论到彻底哩。我现在也不必征引辨驳别家学说，径提出我的定义来。是：

“文化者，人类心能所开积出来之有价值的共业也。”

“共业”两个字，用的是佛家术语。“业”是什么呢？我们所有一切身心活动，都是一刹那一刹那的飞奔过去，随起随灭，毫不停留。但是每活动一次，他的魂影便永远留在宇宙间，不能磨灭。勉强找个比方：就像一个老宜兴茶壶，多泡一次茶，那壶的内容便生一次变化。茶吃完了，茶叶倒去了，洗得干干净净，表面上看来什么也没有；然而茶的“精”渍在壶内，第二次再泡新茶，前次渍下的茶精便起一番作用，能令茶味更好。茶之随泡随倒随洗，便是活动的起灭；渍下的茶精便是业。茶精是日渍日多，永远不会消失的，除非将壶打碎。这叫做业力不灭的公例。在这种不灭的业力里头，有一部分我们叫他做“文化”。（这个比方，自然不能确切，因为拿死的茶壶比活的人，如何会对呢？不过为学者容易构成观念起见，找个近似的做引线罢了。）

茶壶是死的，呆的，各归各的，这个壶渍下的茶精，不能通到那个壶。人类不然，活的，整个的，相通的。一个人的活动，势必影响到别人；而且跑得像电子一般快，立刻波荡到他所属的社会乃至人类全体。活动流下来的魂影，本人渍得最深，大部分遗传到他的今生他生或他的子孙，永不磨灭，是之谓“别业”。

还有一部分，像细雾一般，霏洒在他所属的社会乃至全宇宙，也是永不磨灭，是之谓“共业”。又叫做业力周遍的公例。文化是共业范围内的东西。因为通不到旁人的“别业”，便与组织文化的网子无关了。但还有一点应当注意：共业是实在的，整个的。虽然可以说是由许多别业融化而成，但决不是把许多别业加起来凑成。

文化是共业之一部；但共业之全部并非都是文化。文化非文化，当以有无价值为断。然则价值又是什么呢？凡事物之“自然而然如此”或“不能不如此”者，则无价值之可评；即评，也是白评。可以如此，可以不如此，而我们认为应该如此，这是经我们评定选择之后才发生出来的价值；认为应该如此，就做到如此，便是我们得着的价值。由此言之，必须人类自由意志选择且创造出来的东西才算有价值。自由意志所无如之何的东西，我们便没有法子说出他的价值。我们拿价值有无做标准来看宇宙间事物，可以把他们划然分为两系：一是自然系，二是文化系。自然系是因果法则所支配的领土，文化系是自由意志所支配的领土。

人类活动，有一部分是与文化系无关的。依我的见解，人类活动之方式及其所属系统，应表示如下：

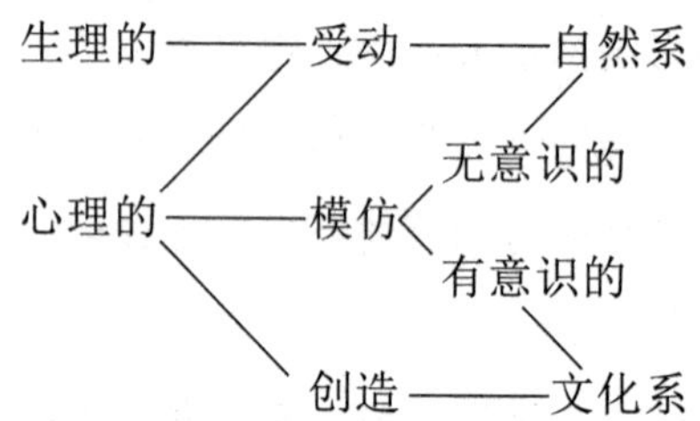

生理上的受动，如饥则食，渴则饮，疲倦则休息，乃至血管运行渣液排泄等等；心理上的受动，如五官接物则有感觉，有感觉则有印象、有记忆等等。这都是不得不然的理法，与天体运行物质流转性质相同，全属自然界现象，其与文化系无关，自不待言。再进一步，则心理作用中之无意识的模仿，如衣服的款式常常变迁，如两个人相处日子久了，彼此的言语动作有一部分互相传染，这都是“自然而然如此”，也与文化系无关。就全社会活动而论，也有属于这类的。例如社会在某种状态之下，人口当然会增殖；在某种状态之下，当然会斗争或战争；乃至在某种状态之下，当然发生某种特殊阶级——这都是拿因果法则推算得出来的。换一句话说，这是生物进化的通则，并非人类所独有，所以不能归入文化范围内。

人类所以独称为文化的动物者，全在其能创造且能为有意识的模仿。“创造”怎么解呢？

“创造者，人类以自己的自由意志选定一个自己所想要到达的地位，便用自己的‘心能’闯进那地位去。”

假如人类没有了这种创造的意志和力量，那么，一部历史，将如河岸上沙痕，一层一层的堆积上去，经几千几万年都是一样；我们也可以算定他明年如何后年如何，乃至百千万年后如何。然而人类决不如此，他的自由意志恁样的发动和发动方向如何，不惟旁人猜不着，乃至连他自己今天也猜不着明天怎么样，这一秒钟也猜不着后一秒钟怎么样。他是绝对不受任何因果律之束缚限制，时时刻刻可以为不断的发动，便时时刻刻可以为不断的创造。人类能对于自然界宣告独立开拓出所谓文化领域者，全靠这一点。创造的概念，大略如右。但仍须注意者四点：

其一，创造不必定在当时此地发生效果。所以有在此时创造，到几百年后才看见结果的。例如孔子的创造力，到汉以后才表见，或者从今日以后才表见。亦有在此处创造，结果不见于此处而见于彼处者。例如基督的创造力，在犹太看不出，在罗马才看得出。要之一切创造，都循“业力周遍不灭”的公例，超越时间空间，永远普遍的存在。

其二，创造的效果，不必定和创造人所期待者同其内容。例如清教徒到美洲，原只为保持信仰自由，结果会创建美国。汉武帝通西域，原只为防御匈奴，结果会促成中印交通。这是什么缘故呢？因为一个创造，常常引起第二第三个创造。

所以也可以说创造能率是累进的。

其三，创造是永不会圆满的。这句话怎么讲呢？凡一件事物到完成的时候，便是创造力停止的时候。譬如这张桌子，完全造成后放在这里，还有什么创造？创造的工夫，一定要在未有桌子或未成桌子之时。（这些譬喻总不能贴切，万勿拘泥。）桌子是死的，有完成的那一天，所以经过一个期间，创造便停止。人类文化是活的，永远没有完成的那一天，所以永远容得我们创造，亦正惟因此之故，从事创造者，只能以“部分的”“不圆满的”自甘。

其四，创造是不能和现境距离很远的。创造的动机，总是因为对于现在的环境不满意或不安心，想另外开拓出一种新环境来。所以创造必与现境生距离，其理易明。但这种距离，是不容太远而且不会太远的，太远便引不起创造或创造不成。创造者总是以他所处的现境为立脚点，前走一步或两步。换一句话说，是：在不圆满的宇宙中间，一寸二寸的向圆满理想路上挪去。

以上算把创造的性质大略解释明白了，跟着还要说说“模仿”的性质。我们既已晓得创造之可贵，提到模仿，便认为创造的反面，像是很不值钱的，这种见解却错了。模仿分为有意识无意识两种，无意识的模仿，自然没有什么价值，前文曾经说过。现在所讲，专指有意识的模仿。依我看：

“模仿是复性的创造。有模仿才有共业。”

“复”有两义：一是个体的复集，二是时间的复现。假如人类没有这两种性能，那么，虽然有很大的创造，也只是限于一时，连“业”也不能保持；或者限于一人，只能造成“别业”；如何会有文化呢？须知无论创造力若何伟大之人，（例如孔子、释迦）总不能没有他所依的环境；既有所依的环境，自然对于环境（固有的文化）有所感受，感受即是模仿的资粮。所以严格说来，无论何种创造行为中，都不能绝对的不含有模仿的成分。这是说创造以前的事。创造以后呢？一方面自己将所创造者常常为心理的复现，令创造的内容越加丰富确实。一方面熏感到别人，被熏感的人，把那新创造的吸收到他的“识阈”中，形成他的“心能”之一部分，加工协造。这两种作用，都是模仿；内中第二种尤为重要。

凡有意识的模仿，都是经过自由意志选择才发生的，所以他的本质，已经是和创造同类。尤当注意者：凡模仿的活动，必不能与所模仿者丝毫都吻合。因为所模仿的对象经过能模仿者的“识阈”，当然起多少化学作用，当然有若干之修正或蜕变。所以严格说来，无论何种模仿行为中，又不能绝对的不含有创造的成分。因此也可以说：“模仿是群众体的创造。”明白这种意味，方才知道所谓“民族心”，所谓“时代精神”者作何解。

人类有创造、模仿两种“心能”，都是本着他的自由意志，不断的自动互发。因以“开拓”其所欲得之价值，而“积厚”其所已得之价值。随开随积，随积随开，于是文化系统以成。所以说：“文化者，人类心能所开积出来之有价值的共业也。”

以上所说，把“文化”的观念，略已确定；还要附带着一审查文化之内容。依我说：

“文化是包含人类物质精神两面的业种业果而言。”

文化是人类以自由意志选定价值，凭自己的心能开积出来，以进到自己所想站的地位，既如前述。价值选定，当然要包含物质、精神两面。人类欲望最低限度，至少也想到“利用厚生”；为满足这类欲望，所以要求物质的文化如衣食住及其他工具等之进步。但欲望决不是如此简单便了，人类还要求秩序，求愉乐，求安慰，求拓大；为满足这类欲望，所以要求精神的文化，如言语，伦理，政治，学术，美感，宗教等。这两部分拢合起来，便是文化的总量。

说到这里，要把业种、业果两语先为解释一下：这也是用的佛家术语。“种”即种子，“果”即果实。一棵树是由很微细的一粒种子发生出来，这粒种子，含有无限创造力，不断的长，长，长，开枝，发叶，放花，结果；到结成满树果实时，便是创造力成了结晶体，便算“一期的创造”暂作结束。

但只要这棵树不死，他的创造力并不消灭，还跟着有第二第三乃至无数期的创造。一面那果实里头，又含有种子。碰着机会，又从新发出创造力来，也是一期二期……的不断。如是一个种生无数个果，果又生种，种又生果，一层一层的开积出去。人类活动所组成的文化之网，正是如此。

但此中有一点万不可以忘记：业果成熟时，便是一期创造的结束。现在请归到文化本题来说明此理：人类用创造或模仿的方式开积文化，那创造心模仿心及其表现出来的活动便是业种，也可以说是文化种。活动一定有产出来的东西，产出来的东西一定有实在体。换一句话说：创造力终须有一日变成“结晶”。这种结晶，便是业果，也可以说是文化果。文化种与文化果有很不同的性质：文化种是活的，文化果是呆的。

试举其例：科学发明是业种，是活的；用那发明来造成的机器是业果，是呆的。人权运动是业种，是活的；运动产生出来的宪法是业果，是呆的。美感是业种，是活的；美感落到字句上成一首诗，落到颜色上成一幅画是业果，是呆的。所以我说创造不会圆满，圆满时创造便停。业果成熟，便是活力变成结晶，便是一期的创造圆满而停息。就这一点论，很可以拿珊瑚岛作个譬喻：海底的珊瑚，刻刻不停的在那里活动，我们不知道他有目的没有；假使有目的，可以说他想创造珊瑚岛。但是到珊瑚岛造成时，他本身却变作灰石。文化到了结晶成果的时候，便有这种气象。

所以已成的文化果是不容易改变的；停顿久了，那僵质也许成为活动的障碍物。但人类文化果，究竟不能拿珊瑚岛作比。因为珊瑚变成灰石之后，灰石里头，便一毫活力也没有。人类文化果不然，正如刚才说的树上果实，果中含有种子，所以能够从文化果中熏发文化种，从新创造起来。人性中不可思议的神秘，都在这一点。

今请将文化内容的总量列一张表作结：

- 文化
  - 物质的—业种—生存的要求心及活动力
    - 衣食住等成品
    - 开辟的土地
    - 修治的道路
    - 工具机器等
    - 其他
    - （以上）业果
  - 精神的—业种
    - 社交的要求心及活动力——言语习惯伦理等
    - 组织的要求心及活动力——关于政治经济等诸法律
    - 知识的要求心及活动力——学术上之著作发明
    - 爱美的要求心及活动力——文艺美术品
    - 超越的要求心及活动力——宗教
    - （以上）业果

科学精神与东西文化

——在江苏南通为科学社年会所作讲演

（1922 年 8 月 20 日）

一

今日我感觉莫大的光荣，得有机会在一个关系中国前途最大的学问团体——科学社的年会来讲演。但我又非常惭愧而且惶恐，像我这样对于科学完全门外汉的人，怎样配在此讲演呢？这个讲题——“科学精神与东西文化”，是本社董事部指定要我讲的。

我记得科学时代的笑话：有些不通秀才去应考，罚他先饮三斗墨汁，预备倒吊着滴些墨点出来。我今天这本考卷，只算倒吊着滴墨汁，明知一定见笑大方，但是句句话都是表示我们门外汉，对于门内的“宗庙之美，百官之富”如何欣羡、如何崇敬、如何爱恋的一片诚意。我希望国内不懂科学的人或是素来看轻科学、讨厌科学的人，听我这番话得多少觉悟，那么，便算我个人对于本社一点贡献了。

近百年来科学的收获如此其丰富：我们不是鸟，也可以腾空；不是鱼，也可以入水；不是神仙，也可以和几百千里外的人答话；……诸如此类，那一件不是受科学之赐？任凭怎么顽固的人，谅来“科学无用”这句话，再不会出诸口了。然而中国为什么直到今日还得不着科学的好处？直到今日依然成为“非科学的国民”呢？我想，中国人对于科学的态度，有根本不对的两点：

（一）把科学看太低了，太粗了。我们几千年来的信条，都说的“形而上者谓之道，形而下者谓之器”“德成而上，艺成而下”这一类话。多数人以为：科学无论如何高深，总不过属于艺和器那部分，这部分原是学问的粗迹，懂得不算稀奇，不懂得不算耻辱。又以为：我们科学虽不如人，却还有比科学更宝贵的学问——什么超凡入圣的大本领，什么治国平天下的大经纶，件件都足以自豪；对于这些粗浅的科学，顶多拿来当一种补助学问就够了。

因为这种故见横亘在胸中，所以从郭筠仙、张香涛这班提倡新学的先辈起，都有两句自鸣得意的话，说什么“中学为体，西学为用”。这两句话现在虽然没有从前那么时髦了，但因为话里的精神和中国人脾胃最相投合，所以话的效力直到今日，依然为变相的存在。老先生们不用说了，就算这几年所谓新思潮、所谓新文化运动，不是大家都认为蓬蓬勃勃有生气吗？试检查一检查他的内容，大抵最流行的莫过于讲政治上、经济上这样主义那样主义，我替他起个名字，叫做西装的治国平天下大经纶；次流行的莫过于讲哲学上、文学上这种精神那种精神，我也替他起个名字，叫做西装的超凡入圣大本领。

至于那些脚踏实地平淡无奇的科学，试问有几个人肯去讲求？学校中能够有几处像样子的科学讲座？有了，几个人肯去听？出版界能够有几部有价值的科学书，几篇有价值的科学论文？有了，几个人肯去读？我固然不敢说现在青年绝对的没有科学兴味，然而兴味总不如别方面浓。须知，这是积多少年社会心理遗传下来，对于科学认为“艺成而下”的观念，牢不可破；直到今日，还是最爱说空话的人的最受社会欢迎。做科学的既已不能如别种学问之可以速成，而又不为社会所尊重，谁肯埋头去学他呢？

（二）把科学看得太呆了，太窄了。那些绝对的鄙厌科学的人且不必责备，就是相对的尊重科学的人，还是十个有九个不了解科学性质。他们只知道科学研究所产结果的价值，而不知道科学本身的价值；他们只有数学、几何学、物理学、化学……等等概念，而没有科学的概念。他们以为学化学便懂化学，学几何便懂几何；殊不知并非化学能教人懂化学，几何能教人懂几何，实在是科学能教人懂化学和几何。他们以为只有化学、数学、物理、几何……等等才算科学，以为只有学化学、数学、物理、几何……才用得着科学；殊不知所有政治学、经济学、社会学……等等，只要够得上一门学问的，没有不是科学。

我们若不拿科学精神去研究，便做那一门子学问也做不成。中国人因为始终没有懂得“科学”这个词的意义，所以五十年前很有人奖励学制船、学制炮，却没有人奖励科学；

近十几年学校里都教的数学、几何、化学、物理，但总不见教会人做科学。或者说：只有理科、工科的人们才要科学，我不打算当工程师，不打算当理化教习，何必要科学？中国人对于科学的看法大率如此。

我大胆说一句话：中国人对于科学这两种态度倘若长此不变，中国人在世界上便永远没有学问的独立，中国人不久必要成为现代被淘汰的国民。

二

科学精神是什么？我姑从最广义解释："有系统之真智识，叫做科学，可以教人求得有系统之真智识的方法，叫做科学精神。"这句话要分三层说明：

（一）求真智识。智识是一般人都有的，乃至连动物都有。科学所要给我们的，就争一个"真"字。一般人对于自己所认识的事物，很容易便信以为真；但只要用科学精神研究下来，越研究便越觉求真之难。譬如说"孔子是人"，这句话不消研究，总可以说是真，因为人和非人的分别是很容易看见的。譬如说"老虎是恶兽"，这句话真不真便待考了。欲证明他是真，必要研究兽类具备某种某种性质才算恶，看老虎果曾具备了没有？若说老虎杀人算是恶，为什么人杀老虎不算恶？若说杀同类算是恶，只听见有人杀人，从没听见老虎杀老虎，然则人容或可以叫做恶兽，老虎却绝对不能叫做恶兽了。譬如说"性是善"，或说"性是不善"，这两句话真不真，越发待考了。到底什么叫做“性”？什么叫做“善”？两方面都先要弄明白。

倘如孟子说的性咧、情咧、才咧，宋儒说的义理咧、气质咧，闹成一团糟，那便没有标准可以求真了。譬如说“中国现在是共和政治”，这句话便很待考。欲知他真不真，先要把共和政治的内容弄清楚，看中国和他合不合。譬如说“法国是共和政治”，这句话也待考。欲知他真不真，先要问“法国”这个字所包范围如何，若安南也算法国，这句话当然不真了。看这几个例，便可以知道，我们想对于一件事物的性质得有真知灼见，很是不容易。要钻在这件事物里头去研究，要绕着这件事物周围去研究，要跳在这件事物高头去研究，种种分析研究结果，才把这件事物的属性大略研究出来，算是从许多相类似容易混杂的个体中，发现每个个体的特征。

换一个方向，把许多同有这种特征的事物，归成一类，许多类归成一部，许多部归成一组，如是综合研究的结果，算是从许多各自分离的个体中，发现出他们相互间的普遍性。经过这种种工夫，才许你开口说“某件事物的性质是怎么样”。这便是科学第一件主要精神。

（二）求有系统的真智识。智识不但是求知道一件一件事物便了，还要知道这件事物和那件事物的关系，否则零头断片的智识全没有用处。知道事物和事物相互关系，而因此推彼，得从所已知求出所未知，叫做有系统的智识。系统有二：一竖，二横。横的系统，即指事物的普遍性——如前段所说。竖的系统，指事物的因果律——有这件事物，自然会有那件事物；必须有这件事物，才能有那件事物；倘若这件事物有如何如何的变化，那件事物便会有或才能有如何如何的变化；这叫做因果律。

明白因果，是增加新智识的不二法门，因为我们靠他，才能因所已知，推见所未知；明白因果，是由智识进到行为的向导，因为我们预料结果如何，可以选择一个目的做去。虽然，因果是不轻容易谈的：第一，要找得出证据；第二，要说得出理由。因果律虽然不能说都要含有“必然性”，但总是愈逼近“必然性”愈好，最少也要含有很强的“盖然性”；倘若仅属于“偶然性”的便不算因果律。譬如说：“晚上落下去的太阳，明早上一定再会出来。”说：“倘若把水煮过了沸度，他一定会变成蒸汽。”这等算是含有必然性，因为我们积千千万万回的经验，却没有一回例外；而且为什么如此，可以很明白说出理由来。

譬如说：“冬间落去的树叶，明年春天还会长出来。”这句话便待考。因为再长出来的并不是这块叶，而且这树也许碰着别的变故再也长不出叶来。譬如说：“西边有虹霓，东边一定有雨。”这句话越发待考。因为虹霓不是雨的原因，他是和雨同一个原因，或者还是雨的结果。翻过来说：“东边有雨，西边一定有虹霓。”这句话也待考。因为雨虽然可以为虹霓的原因，却还须有别的原因凑拢在一处，虹霓才会出来。譬如说：“不孝的人要着雷打。”这句话便大大待考。因为虽然我们也曾听见某个不孝人着雷，但不过是偶然的一回，许多不孝的人不见得都着雷，许多着雷的人不见得都不孝；而且宇宙间有个雷公会专打不孝人，这些理由完全说不出来。譬如说："人死会变鬼。"这句话越发大大待考。因为从来得不着绝对的证据，而且绝对的说不出理由。譬如说："治极必乱，乱极必治。"这句话便很要待考。因为我们从中国历史上虽然举出许多前例，但说治极是乱的原因，乱极是治的原因，无论如何，总说不下去。譬如说："中国行了联省自治制后，一定会太平。"这话也待考。因为联省自治虽然有致太平的可能性，无奈我们未曾试过。

看这些例，便可知我们想应用因果律求得有系统的智识，实在不容易。总要积无数的经验——或照原样子继续忠实观察，或用人为的加减改变试验，务找出真凭实据，才能确定此事物与彼事物之关系。这还是第一步。再进一步，凡一事物之成毁，断不止一个原因，知道甲和乙的关系还不够，又要知道甲和丙、丁、戊……等等关系。原因之中又有原因，想真知道乙和甲的关系，便须先知道乙和庚、庚和辛、辛和壬……等等关系。不经过这些工夫，贸贸然下一个断案，说某事物和某事物有何等关系，便是武断，便是非科学的。

科学家以许多有证据的事实为基础，逐层逐层看出他们的因果关系，发明种种含有必然性或含有极强盖然性的原则，好像拿许多结实麻绳组织成一张网，这网愈织愈大，渐渐的函盖到这一组智识的全部，便成了一门科学。这是科学第二件主要精神。

（三）可以教人的智识。凡学问有一个要件，要能"传与其人"。人类文化所以能成立，全由于一人的智识能传给多数人，一代的智识能传给次代。我费了很大的工夫得一种新智识，把他传给别人，别人费比较小的工夫承受我的智识之全部或一部，同时腾出别的工夫又去发明新智识。如此教学相长，递相传授，文化内容，自然一日一日的扩大。倘若智识不可以教人，无论这项智识怎样的精深博大，也等于“人亡政息”，于社会文化绝无影响。

中国凡百学问，都带一种“可以意会，不可以言传”的神秘性，最足为智识扩大之障碍。例如医学，我不敢说中国几千年没有发明，而且我还信得过确有名医。但总没有法传给别人，所以今日的医学，和扁鹊、仓公时代一样，或者还不如。又如修习禅观的人，所得境界，或者真是圆满庄严。但只好他一个人独享，对于全社会文化竟不发生丝毫关系。中国所有学问的性质，大抵都是如此。这也难怪。中国学问，本来是由几位天才绝特的人“妙手偶得”——本来不是按部就班的循着一条路去得着，何从把一条应循之路指给别人？

科学家恰恰相反，他们一点点智识，都是由艰苦经验得来。他们说一句话总要举出证据，自然要将证据之如何搜集、如何审定一概告诉人。他们主张一件事总要说明理由，理由非能够还原不可，自然要把自己思想经过的路线，顺次详叙。所以别人读他一部书或听他一回讲义，不惟能够承受他研究所得之结果，而且一并承受他如何能研究得此结果之方法，而且可以用他的方法来批评他的错误。方法普及于社会，人人都可以研究，自然人人都会有发明。这是科学第三件主要精神。

三

中国学术界，因为缺乏这三种精神，所以生出如下之病证：

（一）笼统。标题笼统——有时令人看不出他研究的对象为何物。用语笼统——往往一句话容得几方面解释。思想笼统——最爱说大而无当不着边际的道理，自己主张的是什么，和别人不同之处在哪里，连自己也说不出。

（二）武断。立说的人，既不必负找寻证据、说明理由的责任，判断下得容易，自然流于轻率。许多名家著述，不独违反真理而且违反常识的，往往而有。既已没有讨论学问的公认标准，虽然判断谬误，也没有人能驳他，谬误便日日侵蚀社会人心。

（三）虚伪。武断还是无心的过失。既已容许武断，便也容许虚伪。虚伪有二：一是语句上之虚伪。如隐匿真证、杜撰假证，或曲说理由等等。二是思想内容之虚伪。本无心得，貌为深秘，欺骗世人。

（四）因袭。把批评精神完全消失，而且没有批评能力，所以一味盲从古人，剽窃些绪余过活。所以思想界不能有弹力性，随着时代所需求而开拓，倒反留着许多沉淀废质在里头为营养之障碍。

（五）散失。间有一两位思想伟大的人，对于某种学术有新发明，但是没有传授与人的方法，这种发明，便随着本人的生命而中断。所以他的学问，不能成为社会上遗产。

以上五件，虽然不敢说是我们思想界固有的病证，这病最少也自秦汉以来受了二千年。我们若甘心抛弃文化国民的头衔，那更何话可说！若还舍不得吗？试想，二千年思想界内容贫乏到如此，求学问的途径榛塞到如此，长此下去，何以图存？想救这病，除了提倡科学精神外，没有第二剂良药了。

我最后还要补几句话：我虽然照董事部指定的这个题目讲演，其实科学精神之有无，只能用来横断新旧文化，不能用来纵断东西文化。若说欧美人是天生成科学的国民，中国人是天生成非科学的国民，我们可绝对的不能承认。拿我们战国时代和欧洲希腊时代比较，彼此都不能说是有现代这种崭新的科学精神，彼此却也没有反科学的精神。秦汉以后，反科学精神弥漫中国者二千年；罗马帝国以后，反科学精神弥漫于欧洲者也一千多年。两方比较，我们隋唐佛学时代，还有点“准科学的”精神不时发现，只有比他们强，没有比他们弱。我所举五种病证，当他们教会垄断学问时代，件件都有；直到文艺复兴以后，渐渐把思想界的健康恢复转来，所谓科学者，才种下根苗；讲到枝叶扶疏，华实烂漫，不过最近一百年内的事。

一百年的先进后进，在历史上值得计较吗？只要我们不讳疾忌医，努力服这剂良药，只怕将来升天成佛，未知谁先谁后哩！我祝祷科学社能做到被国民信任的一位医生，我祝祷中国文化添入这有力的新成分，再放异彩！

中国道德之大原

自二十年来，所谓新学、新政者，流衍入中国。然而他人所资为兴国之具，在我受之，几无一不为亡国之媒。朔南迁地，橘枳易性，庸俗熟视无睹。硁硁者以趋新为诟病，而忧深思远之士，独探原于人心风俗之微，以谓惟甘受和，惟白受采，由今之道，无变今之俗，虽有圣智，不能以善治也。其孤愤轶度者，甚则谓吾种性实劣下，以此卑鄙阘冗之人，决不能竞存于物竞剧烈之世，嗒然坐听其陵而已。其不忍天下溺而思援之者，则或引申宋、明大哲之遗训，欲持严格以绳正末俗，或则阐扬佛、耶诸教之宗风，欲凭他力以荡涤瑕秽。今之论世者，其大指盖不出此诸途已。

吾以为吾国人之种性，其不如人之处甚多，吾固承之而不必深为讳也。然而人各有短长，人性有然，国性亦然。吾之所蕴积，亦实有优异之点，为他族所莫能逮者，吾又安可以自蔑？天下事理观因固可以知果，观果亦可以知因。吾种性果劣下而不适于自存，则宜沦胥之日久矣。然数千年前与我并建之国，至今无一存者。或阅百数十岁而灭，或阅千数百岁而灭。中间迭兴迭仆，不可数计。其赫然有名于时者，率皆新造耳。而吾独自义轩肇构以来，继继绳绳，不失旧物，以迄于兹，自非有一种善美之精神，深入乎全国人之心中，而主宰之纲维之者，其安能结集之坚强若彼，而持续之经久若此乎？

夫既已有此精神，以为国家过去继续成立之基，即可用此精神，以为国家将来滋长发荣之具。谓吾国民根性劣败而惧终不免于淘汰者，实杞人之忧耳。然而今日泯棼之象，其明示人以可惊可痛者，既日接触于耳目，则狷洁之士，尽然抱无涯之戚，亦固其所也。顾吾以为当一社会之与他社会相接构，缘夫制度文物之错综嬗受，而思想根本不免随而摇动，其人民彷徨歧路，莫知所适，其游离分子之浮动于表而者，恒极一时之险象。以吾所睹闻东西各国，其不历此关厄而能自跻于高明者盖寡。若其结果之美恶，则视其根器所凭借之深浅厚薄以为断。譬诸体干充强者，服瞑眩之药，适以已疾而增健。百丈之潭，千里之湖，为风飙所激，或浪沫汹乱，或淖泥浮溢，不数日而澄湛之性自若也。国民既有一种特异之国性，以界他国而自立于大地，其养成之也固非短时间、少数人所能有功，其毁坏之也亦非短时间、少数人所能为力。而生其间者，苟常有人焉发扬淬厉之，以增美释回，则自能缉熙以著光晶。而不然者，则积渐堕落，历若干岁月而次第失其所以自立之道耳。古今万国兴替之林，罔不由是。而以吾所见之中国，则实有坚强善美之国性，颠扑不破，而今日正有待于发扬淬厉者也。

今之言道德者，或主提倡公德，或主策励私德；或主维持旧德，或主轮进新德，其言固未尝不各明一义，然吾以为公私新旧之界，固不易判明，亦不必强生分别。自主观之动机言之，凡德皆私德也。自客观影响所及言之，凡德皆公德也。德必有本，何新非旧；德贵时中，何旧非新。惟既欲以德牖民，则择涂当求简易。宋、明诸哲之训，所以教人为圣贤也。尽国人而圣贤之，岂非大善？而无如事实上万不可致。恐未能造就圣贤，先已遗弃庸众。故穷理尽性之谈，正谊明道之旨，君子以之自律，而不以责人也。

佛、耶宗教之言，西哲伦理之学，非不微妙直捷，纤悉周备，然义由外铄，受用实难。吾以为道德最高之本体，固一切人类社会所从同也。至其具象的观念，及其衍生之条目，则因时而异，因地而异。甲社会之人与乙社会之人，甲时代之人与乙时代之人，其所谓道德者，时或不能以相喻。要之，凡一社会，必有其所公认之道德信条，由先天的遗传，与后天的熏染，深入乎人人之脑海而与俱化。如是，然后分子与分子之间，联锁巩固，而社会之生命，得以永续。一旧信条失其效力，而别有一新信条与之代兴，则社会现象生一大变化焉（其为进化，为退化，且勿论）。若新信条涵养未熟、广被未周，而旧信条先已破弃，则社会泯棼之象立见。夫信条千百而摇动其一二，或未甚为病也。若一切信条所从出之总根本亦牵率而摇动，则社会之纽殆溃矣。何也？积久相传之教义，既不足以范围乎人心，于是是非无标准，善恶无定名，社会全失其制裁力，分子游离而不相摄，现状之险，胡可思议。

于斯时也，而所谓识时忧世之士，或睹他社会现状之善美，推原其所以致此之由，而知其有彼之所谓道德者存，于是欲将彼之道德信条，移植于我以自淑。岂知信条之为物，内发于心，而非可以假之于外，为千万人所共同构现，而绝非一二人所咄嗟造成。征引外铄之新说，以欲挽内陷之人心，即云补救，为力已微，而徒煽怀疑之焰，益增歧路之亡，甚非所以清本源而植基于不坏也。

吾尝察吾国多数人之心理，有三种观念焉，由数千年之遗传熏染所构成，定为一切道德所从出，而社会赖之以维持不敝者。谨略发明之，以资身教言教之君子审择焉。

一曰报恩。报恩之义，各国教祖哲人，莫不称道，至其郑重深切，未有若吾中国者也。凡管一国人心之枢者，必在其宗教。宗教精神所表示，恒托于其所崇奉之神。世界各国宗教，无论为多神教、为一神教、为无神教，要之，其崇奉之动机，起于为自身求福利者什八九。独吾中国一切祀事，皆以报恩之一义贯通乎其间，故曰夫礼者反本报始不忘其初也，又曰有功德于民者则祀之。

祖先之祀无论矣，自天地、山川、社稷、农蚕、门溜、井灶、雨师、风伯、先圣先师、历代帝王、贤臣名将、循吏、神医大匠，凡列于大祀常祀者，皆以其有德于民，或能为民捍难者也。下至迎猫迎虎，有类于埃、希蛮俗之兽教，然亦皆取义于祈报，与彼都精神绝不相蒙。西人动诮我以多神，谓在教界未为进化，殊不知我之教义，以报恩之一大原则为之主宰。恩我者多，而报不容以不遍，此祀事所由日滋也。既本此原则以立教义，故以此教义衍成礼俗、制成法律，子以构造社会而维持之、发达之，其所以能联属全国人使之若连环相缀而不可解者，此其最强有力之主因也。是故恩增于家庭，报先于父母，推父母所恩而及兄弟，推父母之父母所恩而及从兄弟，如是递推，衍为宗族。宗族者中国社会成立一最有力之要素，而至今尚恃之以为社会之干者也。又念乎非有国家，则吾无所托以存活也，故报国之义重焉。

然古代国家统治权集于君主，国家抽象而难明，君主具体而易识，于是有忠君之义。然我国之所谓忠君，非对于君主一自然人之资格而行其忠，乃对于其为国家统治者之资格而行其忠，此其义在经传者数见不鲜也。故君主不能尽其对于国家之职务，即认为已失统治国家之资格，而人民忠之之义务，立即消灭。故曰残贼之人谓之一夫，闻诛一夫未闻弑君。手足、腹心、草芥、寇仇之喻，皆自报恩来也。至于所以报社会之恩者，为义亦至周洽，故对于先哲明德，其崇拜服从之念极强，而不敢轻有所议，虽思想进步，未尝不缘此而小凝滞。然其所以能养成国性如此其深固者，亦赖是也。其在并时人，则朋友之交，列为五伦之一，而所以结合者亦恒在恩义。一饭必报，许友以死。我国人常有此美德，他国莫能逮也。

要而论之，中国一切道德，无不以报恩为动机。所谓伦常，所谓名教，皆本于是。夫人之生于世也，无论聪明才智若何绝特，终不能无所待于外而以自立。其能生育长成，得饮食、衣服、居处，有智识、才艺，捍灾御患，安居乐业，无一不受环吾身外者之赐。其直接间接以恩我者，无量无极。古昔之人，与并世之人，皆恩我者也。国家与社会，深恩于无形者也。人若能以受恩必报之信条，常印篆于心目中，则一切道德上之义务，皆若有以鞭辟乎其后，而行之亦亲切有味。此义在今世欧美之伦理学者，未尝不大声疾呼，思以厉末俗，而为效盖寡，盖报恩之义未深人入心也。吾国则数千年以此为教，其有受恩而背忘者，势且不齿于社会而无以自存。故西人有孝于亲、悌于长、恤故旧、死长上者，共推为美德，在我则庸行而已。吾国人抱此信念，故常能以义务思想，克权利思想。所谓正谊不谋利、明道不计功，非必贤哲始能服膺也，乡党自好者，恒由之而不自知。盖彼常觉有待报之恩，荷吾仔肩，黾勉没齿而未遑即安也。夫绝对的个人主义，吾国人所从不解也。

无论何人，皆有其所深恩挚爱者，而视之殆与己同体。故欧美之国家，以个人为其单位，而吾国不尔也。夫报恩之义，所以联属现社会与过去之社会，使生固结之关系者，为力最伟焉。吾国所以能绵历数千年使国性深入而巩建者，皆恃此也。而今则此种思想，若渐已动摇而减其效力，其犹能赓续发挥光大与否，则国家存亡之所攸决也。

二曰明分。记称《春秋》以道名分。《荀子》称度量分界，恒言指各安本分者谓之良民。《中庸》述君子之德，则曰素位而行不愿乎外。分也位也，所以定民志而理天秩，我国德教所尊论也。而或者疑定分则显悬阶级，与平等之义不相容；

安分则畸于保守，与进取之义尤相戾。殊不知平等云者，谓法律之下无特权已耳。若夫人类天然之不平等，断非以他力所能铲除。

《孟子》不云乎：物之不齐，物之情也。或相倍蓰，或相什伯，或相千万，比而同之，是乱天下。故全社会之人，各如其量以尽其性，天下之平乃莫过是也。夫治乱之名，果何自名耶？有秩序，有伦脊，斯谓之治；无焉斯谓之乱。欲一国中常有秩序伦脊，则非明分之义深入人心焉，固不可也。分也者分也。言政治者重分权，言学问者重分科，言生计者重分业。凡一社会必赖多数人之共同协力，乃能生存发达。全社会中所必须之职务，无限无量，而一一皆待社会之个人分任之。

人人各审其分之所在，而各自尽其分内之职，斯社会之发荣滋长无有已时。苟人人不安于其本分，而日相率以希冀于非分，势必至尽荒其天职，而以互相侵轶为事，则社会之纽绝矣。夫人类贵有向上心，苟其无焉，则社会将凝滞不进。安分之念太强，则向上之机自少，此固无容为讳者也。虽然，向上心与侥幸心异。向上心为万善所归，而侥幸心实万恶所集。全社会皆习于侥幸，则人人失其安身立命之地，社会之基础，安得而不动摇？夫我国近年来受种种恶潮所簸荡，士大夫之习于侥幸者滔滔皆是。

今日横流之祸，半坐是焉。犹幸明分之义，数千年来深入人心，而国之石民咸守此以为淑身处世之正则，上流社会之恶习，其影响不甚波及于国民全体。故政治虽极泯棼之象，而社会之纲维，不至尽弛。盖吾国中高等无业游民这一阶级，指官吏及近世所谓政客。其与一般善良之国民，联属本非甚密，而其恶空气之传染，尚非甚速也。英儒巴尔逊所著国民性情论，尝比较德法两国人种之长短，谓法国常厌弃其现在之地位，而驰骛其理想之地位，理想之地位未可必得，而现在之地位先丧失焉。德人反是，常凭借其现在之地位，以求渐进于其理想之地位，故得寸得尺，日计不足而月计有余也。由此观之，得失之林，可以睹矣。《诗》曰：天生蒸民，有物有则；民之秉彝，好是懿德。夫分也者，物之则也。吾国伦常之教，凡以定分，凡以正则也，而社会之组织，所以能强固致密搏之不散者，止赖此矣。

三曰虑后。社会学家论民族文野之差，以谓将来之观念深者，则其文明程度高；将来之观念薄者，则其文明程度下。斯言若信，则我国文明程度与欧美人孰愈，此亦一问题也。我国最尊现实主义者也，而又最重将来。夫各国之教祖，固未有不以将来为教者矣。然其所谓将来者，对于现世而言来世也，其为道与现社会不相属。我国教义所谓将来，则社会联锁之将来也。

《孟子》曰：不孝有三，无后为大。《易》曰：积善之家，必有余庆；积不善之家，必有余殃。经典传记中，陈义类此者，不知凡几，国人习而不察焉，以为是迂论无关宏旨也，而不知社会所以能永续而滋益盛大者，其枢机实系于是。我国人惟以服膺斯义之故，常觉对于将来之社会，负莫大之义务，苟放弃此义务，即为罪恶所归。夫人之生于世也，其受过去现在社会之恩我者，无量无极，我受之而求所以增益之，以诒诸方来，天下最贵之天职，莫过是也。近世进化论者之说，谓凡动物善于增殖保育其种者，则必繁荣，否则必绝灭。百年以来，欧美所谓文明国者，为“现在快乐主义”所汩没，不愿其后者十而八九，人口产率锐减，言政治言生计者皆以此为一大问题。就中法国尤甚，识者谓循此演算，不及百年，法之亡可立而待也。

美国亦然，移来之民虽日增，而固有之民则日减，故卢斯福倡新人口论，反玛尔莎士之说而谋所以助长也。要之，今日欧西社会受病最深者，一曰个人主义，二曰现在快乐主义。两者相合，于是其人大率以有家为累，以虑后为迂，故多数劳庸之民，一来复之所人，必以休沐日尽散之然后快。牧民者日以勤俭贮蓄相劝勉，莫之或听也。私儿日多，受不良之教育者遍地皆是，法令如毛，莫之能闲也。于是彼中忧世之士，欲大昌家族主义，以救其末流。近十年来，此类名著，汗牛充栋，然滔滔之势，云胡可挽。

我国则二千年来，此义为全国人民心目中所同具。纵一日之乐，以贻后顾之忧，稍自好者不为也。不宁惟是，天道因果之义，深入人心，谓善不善不报于其身将报于其子孙，一般人民有所劝，有所慑，乃日迁善去恶而不自知也。此亦社会所以维系于不敝之一大原因也。

以上三义，骤视之若卑卑不足道，然一切道德之条目，实皆自兹出焉。有报恩之义，故能使现在社会与过去社会相联属；有虑后之义，故能使现在社会与将来社会相联属；有明分之义，故能使现在社会至赜而不可乱，至动而不可恶也。三义立而三世备矣。孔子称庸德之行，庸言之谨，此三者洵庸德之极轨乎哉。本乎人性之自然，愚夫愚妇皆所与能，而虽有圣智，或终身由之而不能尽。譬犹布帛菽粟，习焉不觉其可贵，而含生必于兹托命焉。之三义者，不学而知，不虑而能，而我国所以能数千年立于大地，经无量丧乱而不失其国性者，皆赖是也。

是故正心诚意之谈，穷理尽性之旨，少数士君子所以自厉也；比较宗教之学，探研哲理之业，又教育家所以广益而集善也，然其力皆不能普及于凡民，故其效亦不能大裨于国家。独乃根此三义，而衍之为伦常，蒸之为习尚，深入乎人心而莫之敢犯，国家所以与天地长久者，于是乎在。抑吾闻之，凡一事物之成立也，必有其休段。断凫续鹤，则两生俱戕。紫凤天吴，则一章不就。一国之道德，必有其彼此相维之具，废其一而其他亦往往不能以独存。一国之信仰，国人恒终身由之而不知其道，一怀疑焉，而根柢或自兹坏也。

故吾愿世之以德教为己任者，毋务玄远之谈，毋炫新奇之说，毋养一指而遗肩背，毋厌家鸡而羡野鹜，宝吾先民所率由之庸德，而发挥光大之，编为教科，播诸讲社。而当立法行政之轴者，尤本此精义以出政治施教令，以匡教育所不逮而先后之，则民德之蒸蒸，岂其难矣？

文明与英雄之比例

世界果借英雄而始成立乎？信也。吾读数千年中外之历史，不过以百数十英雄之传记磅礴充塞之，使除出此百数十之英雄，则历史殆黯然无色也。虽然，使其信也，则当十九世纪之末叶，旧英雄已去，新英雄未来，其毋乃二十世纪之文明，将随十世纪之英雄以坠于地？此中消息，有智慧者欲一参之。

试观英国，格兰斯顿去矣，自由党名士中，可以继起代兴者谁乎？康拔乎？班拿曼乎？罗士勃雷乎？殆非能也。试观德国，俾士麦去矣，能步其武者，今宰相秘罗乎？抑阿肯罗乎？抑亚那特乎？殆非能也。试观俄国，峨查伋去矣，能与比肩者，谟拉比埃乎？谟拉士德乎？殆非能也。然则今日欧洲之政界，殆冷清清地，求如数十年前之大英雄者，渺不可睹，而各国之外交愈敏活，兵制愈整结，财政愈充溢，国势愈进步，则何以故？

吾敢下一转语曰：英雄者，不祥之物也。人群未开化之时代则有之，文明愈开，则英雄将绝迹于天壤。故愈在上古，则英雄愈不世出，而愈见重于时。上古之人之视英雄，如天如神，崇之拜之，以为终非人类之所能及。（中国此风亦不少，如关羽、岳飞之类皆是。）若此者，谓之英雄专制时代，即世界者，英雄所专有物而已。降及近世，此风稍熄。英雄固亦犹人，人能知之，虽然，常秀出于万人之上，凤毛麟角，为世界珍。夫其所以见珍者，亦岂有侥幸耶？万人愚而一人智，万人不肖而一人贤，夫安得不珍之？后世读史者，啧啧于一英雄之丰功伟烈，殊才奇识，而不知其沉埋于蚩蚩蠕蠕、浑浊黑暗之世界者，不知几何人也。

二十世纪以后将无英雄。何以故？人人皆英雄故！英雄云者，常人所以奉于非常人之徽号也。畴昔所谓非常者，今则常人皆能之，于是乎彼此皆英雄，彼此互消，而英雄之名词，遂可以不出现。夫今之常人，所以能为昔之非常人；而昔之非常人，只能为今之常人者，何也？

其一，由于教育之普及。昔者教法不整，其所教者不足以尽高才人脑筋之用，故往往逸去，奔轶绝尘；今则诸学大备，智慧日平等，平等之英雄多，而独秀之英雄自少。

其二，由于分业之精繁。昔者一人而兼任数事，兼治数学，中才之人，力有不及，不得不让能者以独步焉；今则无论艺术，无论学问，无论政治，皆分劳赴功，其分之日细，则专之者自各出其长，而兼之者自有所不逮，而古来全知全能之英雄，自不可复见。若是乎，世界之无英雄，实世界进步之征验也。一切众生皆成佛，则无所谓佛；一切常人皆为英雄，则无所谓英雄。古之天下，所以一治一乱如循环者，何也？恃英雄也。其人存则其政举，其人亡则其政息，即世界借英雄而始成立之说也。故必到人民不倚赖英雄之境界，然后为真文明，然后以之立国而国可立，以之平天下而天下可平。

虽然，此在欧美则然耳。若今日之中国，则其思想发达、文物开化之度，不过与四百年前之欧洲相等，不有非常人起，横大刀阔斧，以辟榛莽而开新天地，吾恐其终古如长夜也。英雄乎，英雄乎，吾夙昔梦之，吾顶礼祝之！

世界外之世界

诸葛孔明初与石广元、徐元直、孟公威等俱游学，三人务精熟，诸葛独观大略，常抱膝长啸，而谓三人曰："卿等仕进可至刺史郡守。"三人问其所至，但笑而不言。日惟躬耕陇亩，好为《梁父吟》。呜呼！此何等心胸，何等气象！彼其于群雄扰攘四海鼎沸之顷，泊然置其一身于世界外之世界，而放炯眼以照世界，知自己之为何人，知世界之为何状，己与世界有如何之关系，知己在世界当处如何之位置。盖其所以自审自择者，固已夙定，必非欲以苟全性命于乱世终其身也。盖知彼三人者，随时势之人；而己乃造时势之人也。呜呼！真人物，真豪杰，其所养有如此者。

人也者，好群之动物也。（此西儒亚里士多德之言。）近自所亲，远及所未见，相交互而成世界。虽然，日处于城市杂遝之地，受外界之刺激熏染，常不复自识我之为我，故时或独处静观，遁世绝俗，然后我相始可得见。顾所谓遁世绝俗者，其种类亦有数端：一则旁观派者流。伪为坚僻诡异之行，立于世外，玩世嘲俗，以为韵事佳话，所谓俗中笑俗，毫无取焉。次则以热心之极，生一种反动力，抱非常之才，睹一世之瞶瞶，不忍扬波酾醨，乃甘与世绝，不以汜汜污察察，不以骐骥任驽骀，此三闾大夫之徒也。君子哀之，且深敬之。亦有性本恬淡，独禀清淑，不乐与人间世交涉，而故浪形骸之外者。古今高流之诗人，往往有之。如李白之诗，所谓："问余何事栖碧山，笑而不答心自闲。桃花流水杳然去，别有天地非人间。"其天才识想，自相高出于凡俗者。但此等人于世界，无甚关系，吾甚爱之，不愿学之。

寻常人能入世界而不能出；高流者能出世界而不能入；最高流者，既入之，复出之，既出之，复入之，即出即入，非出非入，夐哉尚乎！望之似易，行之甚难。虽不可强而致，顾不可不学而勉。无论如何寻常之人，日为寻常界所困，如醉如梦，及其偶遇一人独居更无他事之时，时或有翛然洒然，与天地为伴侣，而生不可思议之思想者。英国某小说所载一段，有足描写此情态者。其言曰：

狄西将军之征埃及也，有一骑士为亚剌伯人所擒，深夜伺隙窃逃，沿尼罗河上流，急鞭疾驱，尽马力所及。马卒疲毙，遂独遗一身于浩浩沙漠之中，欲进不能，欲退不得，惟啜咀椰子以自活。万籁无声，乾坤寂寥，极目一望，渺茫无涯，惟见地平线尽处，如画如缀。绝望之极，抱椰树痛哭。时鼓无聊之勇气，大声而呼，其声惟远消散于沙际，曾无反响。偶觉有之，则惟心所幻造而已。

寂寥之余，万感累动，远想故国之天地，车如流水，马如游龙，杂遝繁华之境，历历在目。过此数日，每日必有无量数之新感想，涌起陡落，欲禁而不能自禁。于孤身只影人声全绝之间，忽开出自然之秘密藏，得不可思议之感悟。见太阳之出又没，没又出，觉有无限庄严之象，隐于人界。或见一二怪禽之高翔，数片旱云之掩空，红黄碧绿，种种色相，凡映于眼帘者，则其心藏必缘之而浮一新想。一轮孤月，透破夜色，光闪沙上，四望灿烂，凉风簸沙，自成波线，动漾无息。时或暴风怒号，峨峨沙柱，卷立寥空者，殆百十数。俄然风息，星斗阑干，爽气顿生，恍如听空中皇裔微妙之天乐。自谓此中乐趣，为生平所未遇。以后欲追之而无计可得，盖其愉快有不足为外人道者。

夫以彼骑士不过寻常一浊物，非能有道心真自得者，而处于此境，尚能发尔许之思想，增尔许之智慧，物之移情，固如是乎。

画师之作画也，往往舐笔伸纸，注全身之力于只手，其心惟在画上，不及其外；然时或退两三步若五六步，凝视之，更执笔向纸如初，如是者数次，而画乃完成。诗家亦然，常有苦思力索，捻断髭茎，终不得就；时而掷笔游想，不见有诗，惟见有我，妙手偶得，佳句斯构。故成连学琴，导之海上；飞卫教射，视虱如轮。天下事固有求之于界线之内而不得，求之于界线之外然后得之者。郑裨谌善谋，谋于野则获，谋于邑则否。无论何人何事，常有此一段境界，善用之者，斯为伟人。

俾士麦稍有休暇，则退舍于田园，或单身入夜，彳亍散步。其所计画国事，多在此时。彼虽非理想家，然其所经营，常超越凡人，不好为规矩所束缚，故常脱羁绊而住于惟我独尊之境。彼尝在福郎克戈寄一短笺于其夫人云：“舟以某日，泛来因河。予乘明月，泳乎中流，浮露水面，仅鼻与眼。凫浴时许，直达滨泾。彻夜悄静，循流徐行，仰视惟见，月星娟娟，横睇两崖，峦巘重叠，如迎如送，棋布平原，惟古战场。耳根所接，仅有水声，泠然恍兮，乃似幽梦。噫嘻！一年三百六十日，安得昔昔有此游。”格兰斯顿亦然，退食之暇，屏妻子，去婢仆，一人退于后园，伐木丁丁然。自余大宗教家，更多斯迹。摩哈默德在觅加为商，单身遁于寂寞之地者数次，其悟道也，实在希拉之一浅洞。释迦牟尼苦行六年，乃起于菩提树下。哲人杰士，罔不如是。

何以故？清明在躬，则志气如神。天下固未有昏浊营乱之脑质，而可以决大计立大业者。而凡大人物大豪杰，其所负荷之事愈多愈重，则其与社会交接也愈杂愈繁，非常有一世界外之世界，以养其神明，久而久之，将为寻常人所染，而渐与之同化；即不尔，而脑髓亦炙涸，而智慧亦不得不倒退。故欲学为大人物者，在一生中，不可无数年住世界外之世界；在一年中，不可无数月住世界外之世界；在一日中，不可无数刻住世界外之世界。呜呼！风雨如晦，鸡鸣不已。虽不能至，心向往之。

美术与生活

——在上海美术专门学校讲演

（1922年8月13日）

诸君！我是不懂美术的人，本来不配在此讲演，但我虽然不懂美术，却十分感觉美术之必要。好在今日在座诸君，和我同一样的门外汉谅也不少，我并不是和懂美术的人讲美术，我是专要和不懂美术的人讲美术。因为人类固然不能个个都做供给美术的“美术家”，然而不可不个个都做享用美术的“美术人”。

“美术人”这三个字是我杜撰的，谅来诸君听着很不顺耳。但我确信“美”是人类生活一要素——或者还是各种要素中之最要者，倘若在生活全内容中把“美”的成分抽出，恐怕便活得不自在，甚至活不成。中国向来非不讲美术——而且还有很好的美术，但据多数人见解，总以为美术是一种奢侈品，从不肯和布帛菽粟一样看待，认为生活必需品之一。我觉得中国人生活之不能向上，大半由此，所以今日要标“美术与生活”这题，特和诸君商榷一回。

问人类生活于什么？我便一点不迟疑答道：“生活于趣

味。”这句话虽然不敢说把生活全内容包举无遗，最少也算把生活根芽道出。人若活得无趣，恐怕不活着还好些，而且勉强活也活不下去。人怎样会活得无趣呢？第一种，我叫他做石缝的生活：挤得紧紧的，没有丝毫开拓余地，又好像披枷带锁，永远走不出监牢一步。第二种，我叫他做沙漠的生活：干透了，没有一毫润泽；板死了，没有一毫变化；又好像蜡人一般，没有一点血色；又好像一株枯树，庾子山说的“此树婆娑，生意尽了[1]”。这种生活是否还能叫做生活，实属一个问题。所以我虽不敢说趣味便是生活，然而敢说没趣便不成生活。

趣味之必要既已如此，然则趣味之源泉在那里呢？依我看有三种：

第一，对境之赏会与复现。人类任操何种卑下职业，任处何种烦劳境界，要之总有机会和自然之美相接触——所谓水流花放，云卷月明，美景良辰，赏心乐事。只要你在一刹那间领略出来，可以把一天的疲劳忽然恢复，把多少时的烦恼丢在九霄云外。倘若能把这些影像印在脑里头，令他不时复现，每复现一回，亦可以发生与初次领略时同等或仅较差的效用。人类想在这种尘劳世界中得有趣味，这便是一条路。

第二，心态之抽出与印契。人类心理，凡遇着快乐的事，把快乐状态归拢一想，越想便越有味，或别人替我指点出来，我的快乐程度也增加。凡遇着苦痛的事，把苦痛倾筐倒箧吐

[1] 生意尽了：按庾信（字子山）《枯树赋》原文，应为“生意尽矣”。

露出来，或别人能够看出我苦痛替我说出，我的苦痛程度反会减少。不惟如此，看出、说出别人的快乐，也增加我的快乐；替别人看出、说出苦痛，也减少我的苦痛。这种道理，因为各人的心都有个微妙的所在，只要搔着痒处，便把微妙之门打开了。那种愉快真是得未曾有，所以俗话叫做“开心”。我们要求趣味，这又是一条路。

第三，他界之冥构与蓦进。对于现在环境不满，是人类普通心理，其所以能进化者亦在此。就令没有什么不满，然而在同一环境之下生活久了，自然也会生厌。不满尽管不满，生厌尽管生厌，然而脱离不掉他，这便是苦恼根原。然则怎样救济法呢？肉体上的生活虽然被现实的环境捆死了，精神上的生活却常常对于环境宣告独立。或想到将来希望如何如何，或想到别个世界，例如文学家的桃源、哲学家的乌托邦、宗教学的天堂净土如何如何，忽然间超越现实界，闯入理想界去，便是那人的自由天地。我们欲求趣味，这又是一条路。

这三种趣味，无论何人都会发动的。但因各人感觉机关用得熟与不熟，以及外界帮助引起的机会有无多少，于是趣味享用之程度，生出无量差别。感觉器官敏则趣味增，感觉器官钝则趣味减；诱发机缘多则趣味强，诱发机缘少则趣味弱。专从事诱发以刺激各人器官不使钝的，有三种利器：一是文学，二是音乐，三是美术。

今专从美术讲。美术中最主要的一派，是描写自然之美，常常把我们所曾经赏会或像是曾经赏会的，都复现出来。我们过去赏会的影子印在脑中，因时间之经过渐渐淡下去，终必有不能复现之一日，趣味也跟着消灭了。一幅名画在此，看一回便复现一回，这画存在，我的趣味便永远存在。不惟如此，还有许多我们从前不注意赏会不出的，他都写出来，指导我们赏会的路。我们多看几次，便懂得赏会方法，往后碰着种种美境，我们也增加许多赏会资料了。这是美术给我们趣味的第一件。

美术中有刻画心态的一派，把人的心理看穿了，喜怒哀乐都活跳在纸上。本来是日常习见的事，但因他写的唯妙唯肖，便不知不觉间把我们的心弦拨动，我快乐时看他便增加快乐，我苦痛时看他便减少苦痛。这是美术给我们趣味的第二件。

美术中有不写实境实态，而纯凭理想构造成的。有时我们想构一境，自觉模糊，断续不能构成，被他都替我表现了。而且他所构的境界种种色色，有许多为我们所万想不到；而且他所构的境界优美高尚，能把我们卑下平凡的境界压下去。他有魔力，能引我们跟着他走，闯进他所到之地，我们看他的作品时，便和他同住一个超越的自由天地。这是美术给我们趣味的第三件。

要而论之，审美本能是我们人人都有的，但感觉器官不常用或不会用，久而久之麻木了。一个人麻木，那人便成了没趣的人；一民族麻木，那民族便成了没趣的民族。美术的功用，在把这种麻木状态恢复过来，令没趣变为有趣。换句话说，是把那渐渐坏掉了的爱美胃口，替他复原，令他常常吸受趣味的营养，以维持增进自己的生活康健。明白这种道理，便知美术这样东西在人类文化系统上该占何等位置了。

以上是专就一般人说，若就美术家自身说，他们的趣味生活自然更与众不同了，他们的美感比我们锐敏若干倍，正如《牡丹亭》说的“我常一生儿爱好是天然”。我们领略不着的趣味，他们都能领略，领略够了，终把些唾余分赠我们。分赠了我们，他们自己并没有一毫破费，正如老子说的“既以为人己愈有，既以与人己愈多”。假使“人生生活于趣味”这句话不错，他们的生活真是理想生活了。

今日的中国，一方面要多出些供给美术的美术家，一方面要普及养成享用美术的美术人，这两件事都是美术专门学校的责任。然而该怎样的督促、赞助美术专门学校，叫他完成这责任，又是教育界，乃至一般市民的责任。我希望海内美术大家和我们不懂美术的门外汉各尽责任做去。

第六章

无专精则不能成，
无涉猎则不能通

论学术之势力左右世界

亘万古，袤九垓，自天地初辟以迄今日，凡我人类所栖息之世界，于其中而求一势力之最广被而最经久者，何物乎？将以威力乎？亚历山大之狮吼于西方，成吉思汗之龙腾于东土，吾未见其流风余烈，至今有存焉者也。将以权术乎？梅特涅执牛耳于奥大利，拿破仑第三弄政柄于法兰西，当其盛也，炙手可势，威震环瀛，一败之后，其政策亦随身名而灭矣。然则天地间独一无二之大势力，何在乎？曰智慧而已矣，学术而已矣。

今且勿论远者，请以近世史中文明进化之迹，略举而证明之。凡稍治史学者，度无不知近世文明先导之两原因，即十字军之东征与希腊古学复兴是也。夫十字军之东征也，前后凡七役，亘二百年，（起一千〇九十六年，迄一千二百七十年。）卒无成功。乃其所获者不在此而在彼。以此役之故，而欧人得与他种民族相接近，传习其学艺，增长其智识，盖数学、天文学、理化学、动物学、医学、地理学等，皆至是而始成立焉；而拉丁文学、宗教裁判等，亦因之而起。此其远因也。

中世末叶，罗马教皇之权日盛，哲学区域，为安士林(Anselmus,罗马教之神甫也。)派所垄断，及十字军罢役以后，西欧与希腊、亚剌伯诸邦，来往日便，乃大从事于希腊语言文字之学，不用翻译，而能读亚里士多德诸贤之书，思想大开，一时学者不复为宗教迷信所束缚，卒有路得新教之起，全欧精神，为之一变。此其近因也。其间因求得印书之法，而文明普遍之途开；求得航海之法，而世界环游之业成。凡我等今日所衣所食、所用所乘、所闻所见，一切利用前民之事物，安有不自学术来者耶？此犹曰其普通者，请举一二人之力左右世界者，而条论之。

一曰歌白尼（Copernicus，生于一四七三年，卒于一五四三年。）之天文学。泰西上古天文家言，亦如中国古代，谓天圆地方，天动地静。罗马教会，主持是论，有倡异说者，辄以非圣无法罪之。当时哥仑布虽寻得美洲，然不知其为西半球，谓不过亚细亚东岸之一海岛而已。及歌白尼地圆之学说出，然后玛志仑（Magellan，以一五一九年始航太平洋一周。）始寻得太平洋航海线，而新世界始开。今日之有亚美利加合众国，灿然为世界文明第一，而骎骎握全地球之霸权者，歌白尼之为之也。不宁惟是，天文学之既兴也，从前宗教家种种凭空构造之谬论，不复足以欺天下，而种种格致实学从此而生。虽谓天文学为宗教改革之强援，为诸种格致学之鼻祖，非过言也。歌白尼之关系于世界何如也！

二曰倍根、笛卡儿之哲学。中世以前之学者，惟尚空论，呶呶然争宗派，争名目，口崇希腊古贤，实则重诬之，其心思为种旧习所缚，而曾不克自拔。及倍根出，专倡格物之说，谓言理必当验事物而有征者，乃始信之。及笛卡儿出，又倡穷理之说，谓论学必当反诸吾心而自信者，乃始从之。此二派行，将数千年来学界之奴性，犁庭扫穴，靡有孑遗，全欧思想之自由，骤以发达，日光日大，而遂有今日之盛。故哲学家恒言，二贤者，近世史之母也。倍根、笛卡儿之关系于世界何如也！

三曰孟德斯鸠（Montesquien，法国人，生于一六八九年，卒于一七五五年。）之著《万法精理》。十八世纪以前，政法学之基础甚薄，一任之于君相之手，听其自腐败自发达。及孟德斯鸠出，始分别三种政体，论其得失，使人知所趣向。又发明立法、行法、司法三权鼎立之说，后此各国，靡然从之，政界一新，渐进以迄今日。又极论听讼之制，谓当废拷讯，设陪审，欧美法庭，遂为一变。又谓贩卖奴隶之业，大悖人道，攻之不遗余力，实为后世美、英、俄诸国放奴善政之嚆矢。其他所发之论，为法兰西及欧洲诸国所采用，遂进文明者，不一而足。孟德斯鸠实政法学天使也。其关系于世界何如也！

四曰卢梭（Rousseau，法国人，生于一七一二年，卒于一七七八年。）之倡天赋人权。欧洲古来，有阶级制度之习，一切政权、教权，皆为贵族所握，平民则视若奴隶焉。及卢梭出，以为人也者生而有平等之权，即生而当享自由之福，此天之所以与我，无贵贱一也，于是著《民约论》（*Social*

Contract）大倡此义。谓国家之所以成立，乃由人民合群结约，以众力而自保其生命财产者也，各从其意之自由，自定约而自守之，自立法而自遵之，故一切平等。若政府之首领及各种官吏，不过众人之奴仆，而受托以治事者耳。自此说一行，欧洲学界，如旱地起一霹雳，如暗界放一光明，风驰云卷，仅十余年，遂有法国大革命之事。自兹以往，欧洲列国之革命，纷纷继起，卒成今日之民权世界。《民约论》者，法国大革命之原动力也；法国大革命，十九世纪全世界之原动力也。卢梭之关系于世界何如也！

五曰富兰克令（Franklin，美国人，生于一七〇六年，卒于一七九〇年。）之电学，瓦特（Watt，英人，生于一七三六年，卒于一八一九年。）之汽机学。十九世纪所以异于前世纪者何也？十九世纪有缩地之方，前人以马力行，每日不能过百英里者，今则四千英里之程，行于海者十三日而可达，行于陆者三日而可达矣，则轮船铁路之为之也。昔日制帽、制靴、纺纱、织布等之工，以若干时而能制成一枚者，今则同此时刻，能制至万枚以上矣。伦敦一报馆一年所用之纸，视十五世纪至十八世纪四百年间所用者，有加多焉，则制造机器之为之也。美国大统领下一教书，仅一时许，而可以传达于支那，上午在印度买货，下午可以在伦敦银行支银，则电报之为之也。凡此数者，能使全世界之政治、商务、军事，乃至学问、道德，全然一新其面目。而造此世界者，乃在一煮沸水之瓦特（瓦特因沸水而悟汽机之理）与一放纸鸢之富兰克令（富氏尝放纸毒以验电学之理）。二贤之关系于世界何如也！

六曰亚丹·斯密（Adam Smith，英国人，生于一七二三年，卒于一七九〇年。）之理财学。泰西论者，每谓理财学之诞生日何日乎？即一千五百七十六年是也。何以故？盖以亚丹斯密氏之《原富》（*An Inquiry into the Nature and Causes of the Wealth of Nations*，此书侯官严氏译），出版于是年也。此书之出，不徒学问界为之变动而已，其及于人群之交际，及于国家之政治者，不一而足。而一八四六年以后，英国决行自由贸易政策（Free Trade），尽免关税，以致今日商务之繁盛者，斯密氏《原富》之论为之地。近世所谓人群主义（Socialism），专务保护劳力者，使同享乐利，其方策渐为自今以后之第一大问题。亦自斯密氏发其端，而其徒马尔沙士大倡之，亚丹·斯密之关系于世界何如也！

七曰伯伦知理（Bluntschili，德国人，生于一八〇八年，卒于一八八一年。）之国家学。伯伦知理之学说，与卢梭正相反对者也。虽然，卢氏立于十八世纪，而为十九世纪之母；伯氏立于十九世纪，而为二十世纪之母。自伯氏出，然后定国家之界说，知国家之性质、精神、作用为何物，于是国家主义乃大兴于世。前之所谓国家为人民而生者，今则转而云人民为国家而生焉，使国民皆以爱国为第一之义务，而盛强之国乃立，十九世纪末世界之政治则是也。而自今以往，此义愈益为各国之原力，无可疑也。伯伦知理之关系于世界何如也！

八曰达尔文（Darwin Charles，英国人，生于一八〇九年，卒于一八八二年。）之进化论。前人以为黄金世界在于昔时，而末世日以堕落，自达尔文出，然后知地球人类，乃至一切事物，皆循进化之公理，日赴于文明。前人以为天赋人权，人生而皆有自然应得之权利，及达尔文出，然后知物竞天择，优胜劣败，非图自强，则决不足以自立。达尔文者，实举十九世纪以后之思想，彻底而一新之者也。是故凡人类智识所能见之现象，无一不可以进化之大理贯通之。政治法制之变迁，进化也；宗教道德之发达，进化也；风俗习惯之移易，进化也。数千年之历史，进化之历史，数万里之世界，进化之世界也。故进化论出，而前者宗门迷信之论，尽失所据。教会中人，恶达氏滋甚，谓有一魔鬼住于其脑云，非无因也。此义一明，于是人人不敢不自勉为强者、为优者，然后可以立于此物竞天择之界。无论为一人，为一国家，皆向此鹄以进，此近世民族帝国主义（National Imperialism，民族自增植其势力于国外，谓之民族帝国主义。）所由起也。此主义今始萌芽，他日且将磅礴充塞于本世纪而未有已也。虽谓达尔文以前为一天地，达尔文以后为一天地可也。其关系于世界何如也。

以上所列十贤，不过举其荦荦大者。至如奈端（Newton，英人，生于一六四一年，卒于一七二七年。）之创重学，嘉列（Guericke，德国人，生于一六〇二年，卒于一六八六年。），怀黎（Boyle，英人，生于一六二六年，卒于一六九一年。）之制排气器，连挪士（Linneus，瑞典人，生于一七〇七年，卒于一七七八年。）之开植物学，康德（Kant，德国人，生于一七二四年，卒于一八〇四年。）之开纯全哲学，皮里士利（Periestley，英人，生于一七三三年，卒于一八〇四年。）之化学，边沁（Bentham，英人，生于一七四七年，卒于一八三二年。）之功利主义，黑拔（Herbart，生于一七七六年，卒于一八四一年。）之教育学，仙士门（St.Simon，法人），喀谟德（Comte，法人，生于一七九五年，卒于一八五七年。）之倡人群主义及群学，约翰·弥勒（John Stuart Mill，英人，生于一八〇六年，卒于一八七三年。）之论理学、政治学、女权论，斯宾塞（Spencer，英人，生于一八二〇年，今犹生存。）之群学等，皆出其博学深思之所独得，审诸今后时势之应用，非如前代学者，以学术为世界外遁迹之事业，如程子所云“玩物丧志”也。以故其说一出，类能耸动一世，饷遗后人。呜呼，今日光明灿烂、如荼如锦之世界何自来乎？实则诸贤之脑髓、之心血、之口沫、之笔锋，所组织之而庄严之者也。

亦有不必自出新说，而以其诚恳之气，清高之思，美妙之文，能运他国文明新思想，移植于本国，以造福于其同胞，此其势力，亦复有伟大而不可思议者。如法国之福禄特尔（Voltaire，生于一六九四年，卒于一七七八年。），日本之福泽谕吉（去年卒），俄国之托尔斯泰（Tolstói，今尚生存。）诸贤是也。福禄特尔当路易第十四全盛之时，愍然忧法国前途，乃以其极流丽之笔，写极伟大之思，寓诸诗歌院本小说等，引英国之政治，以讥讽时政，被锢被逐，几濒于死者屡焉，卒乃为法国革新之先锋，与孟德斯鸠、卢梭齐名。盖其有造于法国民者，功不在两人下也。福泽谕吉当明治维新以前，无所师授，自学英文，尝手抄《华英字典》一过，又以独力创一学校，名曰庆应义塾，创一报馆，名曰《时事新报》，至今为日本私立学校、报馆之巨擘焉，著书数十种，专以输入泰西文明思想为主义。日本人之知有西学，自福泽始也；其维新改革之事业，亦顾问于福泽者十而六七也。托尔斯泰，生于地球第一专制之国，而大倡人类同胞兼爱平等主义，其所论盖别有心得，非尽凭借东欧诸贤之说者焉。其所著书，大率皆小说，思想高彻，文笔豪宕，故俄国全国之学界，为之一变。近年以来，各地学生咸不满于专制之政，屡屡结集，有所要求，政府捕之、锢之、放之、逐之，而不能禁，皆托尔斯泰之精神所鼓铸者也。

由此观之，福禄特尔之在法兰西，福泽谕吉之在日本，托尔斯泰之在俄罗斯，皆必不可少之人也。苟无此人，则其国或不得进步，即进步亦未必如是其骤也。然则如此等人者，其于世界之关系何如也！

吾欲敬告我国学者曰：公等皆有左右世界之力，而不用之何也？公等即不能为倍根、笛卡儿、达尔文，岂不能为福禄特尔、福泽谕吉、托尔斯泰？即不能左右世界，岂不能左右一国？苟能左右我国者，是所以使我国左右世界也。吁嗟山兮，穆如高兮；吁嗟水兮，浩如长兮。吾闻足音之跫然兮，吾欲溯洄而从之兮，吾欲馨香而祝之兮！

研究文化史的几个重要问题

——对于旧著《中国历史研究法》之修补及修正

（约1922年12月）

前回已经把文化的概念和内容说过。文化史是叙述文化的，懂得文化是什么，自然也懂得文化史是什么，似乎不用再词费。但我觉得前人对于历史的观念有许多错误，对于文化史的范围尤其不正确，所以还要提出几个问题来讨论一番。

一、史学应用归纳研究法的最大效率如何

现代所谓科学，人人都知道是从归纳研究法产生出来。我们要建设新史学，自然也离不了走这条路，所以我旧著《中国历史研究法》极力提倡这一点，最近所讲演《历史统计学》等篇，也是这一路精神。但我们须知道，这种研究法的效率是有限制的。简单说，整理史料要用归纳法，自然毫无疑义。若说用归纳法就能知道“历史其物”，这却太不成问题了。归纳法最大的工作是求“共相”，把许多事物相异的属性剔去，相同的属性抽出，各归各类，以规定该事物之内容及行

历何如。这种方法应用到史学，却是绝对不可能。为什么呢？因为历史现象只是“一躺过”，自古及今，从没有同铸一型的史迹。这又为什么呢？

因为史迹是人类自由意志的反影，而各人自由意志之内容，绝对不会从同。所以史家的工作，和自然科学家正相反，专务求“不共相”。倘若把许多史迹相异的属性剔去，专抽出那相同的属性，结果便将史的精魂剥夺净尽了。因此，我想归纳研究法之在史学界，其效率只到整理史料而止，不能更进一步。然则把许多“不共相”堆叠起来，怎么能成为一种有组织的学问？我们常说历史是整个的，又作何解呢？你根问到这一点吗？依我看，什有九要从直觉得来，不是什么归纳演绎的问题。这是历史哲学里头的最大关键，我现在还没有研究成熟，等将来再发表意见罢。

二、历史里头是否有因果律

这条和前条，只是一个问题，应该一贯的解决。原来因果律是自然科学的命脉，从前只有自然科学得称为科学，所以治科学离不开因果律，几成为天经地义。谈学问者，往往以“能否从该门学问中求出所含因果公例”为“该门学问能否成为科学”之标准。史学向来并没有被认为科学，于是治史学的人因为想令自己所爱的学问取得科学资格，便努力要发明史中因果。我就是这里头的一个人。我去年著的《中国历史研究法》内中所下历史定义，便有“求得其因果关系”

一语。

我近来细读立卡儿特著作，加以自己深入反复研究，已经发觉这句话完全错了。我前回说过："宇宙事物，可中分为自然、文化两系，自然系是因果律的领土，文化系是自由意志的领土。"（看《什么是文化》）两系现象，各有所依，正如鳞潜羽藏，不能相易，亦不必相羡。历史为文化现象复写品，何必把自然科学所用的工具扯来装自己门面？非惟不必，抑且不可，因为如此便是自乱法相，必至进退失据。当我著《历史研究法》时，为这个问题，着实恼乱我的头脑。我对于史的因果很怀疑，我又不敢拨弃他，所以那书里头有一段说道：

"若欲以因果律绝对的适用于历史，或竟为不可能的而且有害的，亦未可知。何则？历史为人类心力所造成，而人类心力之动，乃极自由而不可方物。心力既非物理的或数理的因果律所能完全支配，则其所产生之历史，自亦与之同一性质。今必强悬此律以驭历史，其道将有时而穷，故曰不可能。不可能而强应用之，将反失历史之真相，故曰有害也。然则吾侪竟不谈因果可乎？曰，断断不可。"（原著一七六页。）

我现在回看这篇旧著，觉得有点可笑。既说"以因果律驭历史，不可能而且有害"，何以又说"不谈因果断断不可"？我那时候的病根，因为认定因果律是科学万不容缺的属性，不敢碰他，所以有这种矛盾不彻底的见解。当时又因为调和这种见解，所以另外举出历史因果律与自然科学因果律不同的三点（原著一七七至一七九页）。其实照那三点说来，是否还可以名之为因果律，已成疑问了。我现在要把前说修正，发表目前所见如下：

因果是什么？“有甲必有乙，必有甲才能有乙，于是命甲为乙之因，命乙为甲之果。”所以因果律也叫做“必然的法则”。（科学上还有所谓“盖然的法则”，不过“必然性”稍弱耳，本质仍相同。）“必然”与“自由”，是两极端，既必然便没有自由，既自由便没有必然。我们既承认历史为人类自由意志的创造品，当然不能又认他受因果必然法则的支配，其理甚明。

再检查一检查事实，更易证明。距今二千五百年前，我们人类里头产出一位最伟大的人物，名曰佛陀。为什么那个时候会产生佛陀？试拿这问题考试一切史家，限他说出那“必然”的原因，恐怕无论什么人都要交白卷！这还罢了，佛陀本是一位太子，物质上快乐尽够享用，原可以不出家，为什么他要出家？出家成道后，本来可以立刻“般涅槃”，享他的精神快乐，为什么他不肯如彼，偏要说四十九年的法？须知，倘使佛陀不出家，或者成道后不肯说法，那么，世界上便没有佛教，我们文化史上便缺短了这一件大遗产。试问：有什么必然的因果法则支配佛陀，令其必出家、必说法？一点儿也没有，只是赤裸裸的凭佛陀本人的意志自由创造！须知，不但佛陀和佛教如此，世界上大大小小的文化现象，没有一件不是如此。欲应用自然科学上因果律求出他“必然的因”，可是白费心了。

“果”的方面，也是如此。该撒之北征雅里亚（今法兰西一带地），本来为对付内部绷标一派的阴谋，结果倒成了罗马统一欧洲之大业的发轫。明成祖派郑和入海，他正目的不过想访拿建文，最多也不过为好大喜功之一念所冲动，然而结果会生出闽粤人殖民南洋的事业。历史上无论大大小小都是如此，从没有一件可以预先算准那“必然之果”。为什么呢？因为人类自由意志最是不可捉摸的，他正从这方向创造，说不定一会又移到那方向创造去；而且一个创造又常常引起（或不引起）第二、第三……个创造。你想拿玻璃管里加减原素那种顽意来测量历史上必然之果，岂不是痴人说梦吗！

所以历史现象，最多只能说是“互缘”，不能说是因果。互缘怎么解呢？谓互相为缘。佛典上常说的譬喻“相待如交芦”——这件事和那件事有不断的联带关系，你靠我、我靠你才能成立。就在这种关系状态之下，前波后波，衔接动荡，便成一个广大渊深的文化史海。我们做史学的人，只要专从这方面看出历史的“动相”和“不共相”。倘若拿“静”的“共”的因果律来凿四方眼，那可糟了。

然则全部历史里头，竟自连一点因果律都不能存在吗？是又不然。我前回说过，文化总量中，含有文化种、文化果两大部门。文化种是创造活力，纯属自由意志的领域，当然一点也不受因果律束缚；文化果是创造力的结晶，换句话说，是过去的“心能”，现在变为“环境化”。成了环境化之后，便和自然系事物同类，入到因果律的领域了。这部分史料，我们尽可以拿因果律驾驭他。

三、历史现象是否为进化的

我对于这个问题，本来毫无疑义，一直都认为是进化的。现在也并不曾肯抛弃这种主张，但觉得要把内容重新规定一回。

孟子说："天下之生久矣，一治一乱。"这句话可以说是代表旧史家之共同的观念。我向来最不喜欢听这句话，（记得二十年前在《新民丛报》里头有几篇文章很驳他。）因为和我所信的进化主义不相容。但近来我也不敢十分坚持了。我们平心一看，几千年中国历史，是不是一治一乱的在那里循环？何止中国，全世界只怕也是如此。埃及呢，能说现在比"三十王朝"的时候进化吗？印度呢，能说现在比优波尼沙昙成书、释迦牟尼出世的时候进化吗？说孟子、荀卿一定比孔子进化，董仲舒、郑康成一定比孟、荀进化，朱熹、陆九渊一定比董、郑进化，顾炎武、戴震一定比朱、陆进化，无论如何，恐说不去。说陶潜比屈原进化，杜甫比陶潜进化；但丁比荷马进化，索士比亚比但丁进化，摆伦比索士比亚进化；说黑格儿比康德进化，倭铿、柏格森、罗素比黑格儿进化；这些话都从那里说起？又如汉、唐、宋、明、清各朝政治比较，是否有进化不进化之可言？亚历山大、该撒、拿破仑等辈人物比较，又是否有进化不进化之可言？所以从这方面找进化的论据，我敢说一定全然失败完结。

从物质文明方面说吗，从渔猎到游牧，从游牧到耕稼，从耕稼到工商，乃至如现代所有之几十层高的洋楼，几万里长的铁道，还有什么无线电、飞行机、潜水艇……等等。都是前人所未曾梦见。许多人得意极了，说是我们人类大大进化。虽然，细按下去，对吗？

第一，要问这些物质文明，于我们有什么好处？依我看，现在点电灯、坐火船的人类，所过的日子，比起从前点油灯、坐帆船的人类，实在看不出有什么特别舒服处来。

第二，要问这些物质文明，是否得着了过后再不会失掉？中国“千门万户”的未央宫，三个月烧不尽的咸阳城，推想起来，虽然不必像现代的纽约、巴黎，恐怕也有他的特别体面处，如今那里去了呢？罗马帝国的繁华，虽然我们不能看见，看发掘出来的建筑遗址，只有令现代人吓死羞死，如今又都往那里去了呢？远的且不必说，维也纳、圣彼得堡战前的势派，不过隔五六年，如今又都往那里去了呢？可见物质文明这样东西，根柢脆薄得很，霎时间电光石火一般发达，在历史上原值不了几文钱。所以拿这些作进化的证据，我用佛典上一句话批评他：“说为可怜愍者。”

现在讲学社请来的杜里舒，前个月在杭州讲演，也曾谈到这个问题。他大概说：“凡物的文明，都是堆积的非进化的；只有心的文明，是创造的进化的。”又说：“够得上说进化的只有一条‘知识线’。”他的话把文化内容说得太狭了，我不能完全赞成。虽然，我很认他含有几分真理。我现在并不肯撤消我多年来历史的进化的主张，但我要参酌杜氏之说，重新修正进化的范围。我以为历史现象可以确认为进化者有二：

其一，人类平等及人类一体的观念，的确一天比一天认得真切，而且事实上确也著著向上进行。

其二，世界各部分人类心能所开拓出来的“文化共业”，永远不会失掉，所以我们积储的遗产，的确一天比一天扩大。

只有从这两点观察，我们说历史是进化，其余只好编在“一治一乱”的循环圈内了。但只须这两点站得住，那么，历史进化说也尽够成立哩。

以上三件事，本来同条共贯，可以通用一把钥匙来解决他。总结一句，历史为人类活动所造成，而人类活动有两种：一种是属于自然系者，一种是属于文化系者。分配到这三个问题，得表如下：

（自然系的活动）	（文化系的活动）
第一题　归纳法研究得出	归纳法研究不出
第二题　受因果律支配	不受因果律支配
第三题　非进化的性质	进化的性质

史学之界说

欲创新史学，不可不先明史学之界说；欲知史学之界说，不可不先明历史之范围。今请析其条理而论述之。

第一，历史者，叙述进化之现象也。现象者何？事物之变化也。宇宙间之现象有二种：一曰为循环之状者，二曰为进化之状者。何谓循环？其进化有一定之时期，及期则周而复始，如四时之变迁、天体之运行是也。何谓进化？其变化有一定之次序，生长焉，发达焉，如生物界及人间世之现象是也。循环者，去而复来者也，止而不进者也，凡学问之属于此类者，谓之“天然学”。进化者，往而不返者也，进而无极者也，凡学问之属于此类者，谓之“历史学”。天下万事万物，皆在空间，又在时间，（空间、时间，佛典译语，日本人沿用之。若依中国古义，则空间宇也，时间宙也。其语不尽通行，故用译语。）

而天然界与历史界，实分占两者之范围。天然学者，研究空间之现象者也；历史学者，研究时间之现象者也。就天然界以观察宇宙，则见其一成不变，万古不易，故其体为完全，其象如一圆圈；就历史界以观察宇宙，则见其生长而不已，进步而不知所终，故其体为不完全，且其进步又非为一直线，或尺进而寸退，或大涨而小落，其象如一螺线。明此理者，可以知历史之真相矣。

由此观之，凡属于历史界之学（凡政治学、群学、平准学、宗教学等，皆近历史界之范围），其研究常较难；凡属于天然界之学（凡天文学、地理学、物质学、化学等，皆天然界之范围），其研究常较易。何以故？天然界，已完全者也，来复频繁，可以推算，状态一定，可以试验。历史学，未完全者也，今犹日在生长发达之中，非逮宇宙之末劫，则历史不能终极。吾生有涯，而此学无涯。此所以天然诸科学起源甚古，今已斐然大成；而关于历史之各学，其出现甚后，而其完备难期也。

此界说既定，则知凡百事物，有生长、有发达、有进步者，则属于历史之范围；反是者，则不能属于历史之范围。又如于一定期中，虽有生长发达，而及其期之极点，则又反其始，斯仍不得不以循环目之。如动植物，如人类，虽依一定之次第，以生以成，然或一年，或十年，或百年，而盈其限焉，而反其初焉。一生一死，实循环之现象也。故物理学、生理学等，皆天然科学之范围，非历史学之范围也。

孟子曰："天下之生久矣，一治一乱。"此误会历史真相之言也。苟治乱相嬗无已时，则历史之象当为循环，与天然等，而历史学将不能成立。孟子此言盖为螺线之状所迷，而误以为圆状，未尝综观自有人类以来万数千年之大势，而察其真方向之所在；徒观一小时代之或进或退、或涨或落，遂以为历史之实状如是云尔。譬之江河东流以朝宗于海者，其大势也；乃或所见局于一部，偶见其有倒流处，有曲流处，因以为江河之行一东一西、一北一南，是岂能知江河之性矣乎！（《春秋》家言，有三统，有三世。三统者，循环之象也，所谓三王之道若循环，周而复始是也。三世者，进化之象也，所谓据乱、升平、太平，与世渐进是也。三世则历史之情状也，三统则非历史之情状也。三世之义，既治者则不能复乱，借曰有小乱，而必非与前此之乱等也。苟其一治而复一乱，则所谓治者，必非真治也。故言史学者，当从孔子之义，不当从孟子之义。）吾中国所以数千年无良史者，以其于进化之现象，见之未明也。

第二，历史者，叙述人群进化之现象也。进化之义既定矣。虽然，进化之大理，不独人类为然，即动植物乃至无机世界，亦常有进化者存。而通行历史所纪述，常限于类者，则何以故？此不徒吾人之自私其类而已。人也者，进化之极则也，其变化千形万状而不穷者也。故言历史之广义，则非包万有而并载之，不能完成；至语其狭义，则惟以人类为之界。虽然，历史之范围可限于人类，而人类之事实不能尽纳诸历史。夫人类亦不过一种之动物耳，其一生一死，固不免于循环，即其日用饮食、言论行事，亦不过大略相等，而无进化之可言。故欲求进化之迹，必于人群。使人人析而独立，则进化终不可期，而历史终不可起。

盖人类进化云者，一群之进也，非一人之进也。如以一人也，则今人必无以远过于古人。语其体魄，则四肢五官，古犹今也；质点血轮，古犹今也。语其性灵，则古代周、孔、柏（柏拉图）、阿（阿里士多德）之智识能力，必不让于今人，举世所同认矣。然往往有周、孔、柏、阿所不能知之理，不能行之事，而今日乳臭小儿知之能之者，何也？无他，食群之福，享群之利，借群力之相接相较、相争相师、相摩相荡、相维相系、相传相嬗，而智慧进焉，而才力进焉，而道德进焉。进也者，人格之群，非寻常之个人也。（人类天性之能力，能随文明进化之运而渐次增长与否，此问题颇难决定。试以文明国之一小儿，不许受教育，不许蒙社会之感化、沐文明之恩泽，则其长成，能有以异于野蛮国之小儿乎？恐不能也。盖由动物进而为人，已为生理上进化之极点。由小儿进为成人，已为生理上进化之极点。然则，一个人，殆无进化也；进化者，别超于个人之上之一人格而已，即人群是也。）然则历史所最当注意者，惟人群之事。苟其事不关系人群者，虽奇言异行，而必不足以入历史之范围也。

畴昔史家，往往视历史如人物传者然。夫人物之关系于历史固也，然所以关系也，亦谓其于一群有影响云尔。所重者在一群，非在一人也。而中国作史者，全反于此目的，动辄以立佳传为其人之光宠。驯至连篇累牍，胪列无关世运之人之言论行事，使读者欲卧欲呕，虽尽数千卷，犹不能于本群之大势有所知焉，由不知史之界说限于群故也。

第三，历史者，叙述人群进化之现象，而求得其公理公例者也。凡学问必有客观、主观二界。客观者，谓所研究之事物也；主观者，谓能研究此事物之心灵也。（亦名“所界”“能界”，“能”“所”二字，佛典译语，常用为名词。）和合二观，然后学问出焉。史学之客体，则过去现在之事实是也；其主体，则作史、读史者心识中所怀之哲理是也。有客观而无主观，则其史有魄无魂，谓之非史焉可也。（偏于主观而略于客观者，则虽有佳书，亦不过为一家言，不得谓之为史。）是故善为史者，必研究人群进化之现象，而求其公理公例之所在，于是有所谓历史哲学者出焉。

历史与历史哲学虽殊科，要之，苟无哲学之理想者，必不能为良史，有断然也。虽然，求史学之公理公例，固非易易。如彼天然科学者，其材料完全，其范围有涯，故其理例亦易得焉。如天文学，如物质学，如化学，所已求得之公理公例不可磨灭者，既已多端；而政治学、群学、宗教学等，则瞠乎其后，皆由现象之繁赜而未到终点也。但其事虽难，而治此学者不可不勉。大抵前者史家不能有得于是者，其蔽二端：

一曰知有一局部之史，而不知自有人类以来全体之史也。或局于一地，或局于一时代。如中国之史，其地位则仅叙述本国耳，于吾国外之现象，非所知也（前者他国之史亦如是）。其时代，则上至书、契以来，下至胜朝之末止矣；前乎此，后乎此，非所闻也。夫欲求人群进化之真相，必当合人类全体而比较之，通古今文野之界而观察之。内自乡邑之法团（凡民间之结集而成一人格之团体者，谓之法团，亦谓之法人。法人者，法律上视之与一个人无异也。一州之州会，一市之市会，乃至一学校、一会馆、一公司，皆统名为法团。），外至五洲之全局；上自穹古之石史（地质学家从地底僵石中考求人物进化之迹，号曰石史。），下至昨今之新闻，何一而非客观所当取材者。综是焉以求其公理公例，虽未克完备，而所得必已多矣。向畴昔之史家，有能焉者否也？

二曰徒知有史学，而不知史学与他学之关系也。夫地理学也，地质学也，人种学也，人类学也，言语学也，群学也，政治学也，宗教学也，法律学也，平准学也（即日本所谓经济学），皆与史学有直接之关系；其他如哲学范围所属之伦理学、心理学、论理学、文章学，及天然科学范围所属之天文学、物质学、化学、生理学，其理论亦常与史学有间接之关系，何一而非主观所当凭借者。取诸学之公理公例而参伍钩距之，虽未尽适用，而所得又必多矣。向畴昔之史家，有能焉者否也？

夫所以必求其公理公例者，非欲以为理论之美观而已，将以施诸实用焉，将以贻诸来者焉。历史者，以过去之进化，导未来之进化者也。吾辈食今日文明之福，是为对于古人已得之权利；而继续此文明，增长此文明，孳殖此文明，又对于后人而不可不尽之义务也。而史家所以尽此义务之道，即求得前此进化之公理公例，而使后人循其理、率其例以增幸福于无疆也。史乎史乎，其责任至重，而其成就至难。中国前此之无真史家也，又何怪焉！而无真史家，亦即吾国进化迟缓之一原因也。

吾愿与同胞国民，筚路蓝缕以辟此途也。

以上说“界说”竟。作者初研究史学，见地极浅，自觉其界说尚有未尽未安者，视吾学他日之进化，乃补正之。

著者识。

吾今后所以报国者

吾二十年来之生涯，皆政治生涯也。吾自距今一年前，虽未尝一日立乎人之本朝，然与国中政治关系，殆未尝一日断。吾喜摇笔弄舌，有所论议，国人不知其不肖，往往有乐倾听之者。吾问学既谫薄，不能发为有统系的理想，为国民学术辟一蹊径；吾更事又浅，且去国久，百与实际之社会阂隔，更不能参稽引申，以供凡百社会事业之资料。惟好攘臂扼腕以谈政治，政治谈以外，虽非无言论，然匣剑帷灯。意固有所属，凡归于政治而已。

吾亦尝欲借言论以造成一种人物，然所欲造成者，则吾理想中之政治人物也。吾之作政治谈也，常为自身感情作用所刺激，而还以刺激他人之感情，故持论亦屡变，而往往得相当之反响。畴昔所见浅，时或沾沾自喜，谓吾之多言，庶几于国之政治小有所裨，至今国中人犹或以此许之。虽然，呈今体察既确，吾历年之政治谈，皆败绩失据也。吾自问本心，未尝不欲为国中政治播佳种，但不知吾所谓佳种者，误于别择耶？将播之不适其时耶，不适其地耶？抑将又播之不以其道耶？

要之，所获之果，殊反于吾始愿所期。吾尝自讼，吾所效之劳，不足以偿所造之孽也。吾躬自为政治活动者亦既有年，吾尝与激烈派之秘密团体中人往还，然性行与彼辈不能相容，旋即弃去。吾尝两度加入公开之政治团体，遂不能自有所大造于其团体，更不能使其团体有所大造于国家，吾之败绩失据又明甚也。吾曾无所于悔，顾吾至今乃确信，吾国现在之政治社会，决无容政治团体活动之余地。以今日之中国人而组织政治团体，其于为团体分子之资格所缺实多。夫吾即不备此资格者之一人也，而吾所亲爱之俦侣，其各皆有所不备，亦犹吾也。吾于是日憬然有所感，以谓吾国欲组织健全之政治团体，则于组织之前更当有事焉，曰：务养成较多数可以为团体中健全分子之人物。

然兹事终已非旦夕所克立致。未能致而强欲致焉，一方面既使政治团体之信用失坠于当世，沮其前途发育之机，一方面尤使多数有为之青年浪耗其日力于无结果之事业，甚则品格器量，皆生意外之恶影响。吾为此惧，故吾于政治团体之活动，遂不得不中止。吾又尝自立于政治之当局，迄今犹尸名于政务之一部分。虽然，吾自始固自疑其不胜任，徒以当时时局之急迫，政府久悬，其祸之中于国家者或不可测，重以友谊之敦劝，乃勉起以承其乏。其间不自揣，亦颇尝有所规画，思效铅刀之一割，然大半与现在之情实相阂，稍入其中，而知吾之所主张，在今日万难贯彻，而反乎此者，又恒觉于心有所未安。其权宜救时之政，虽亦明知其不得不尔，然大率为吾生平所未学，虽欲从事而无能为役。若此者，于全局之事有然，于一部分之事亦有然。

是故援“陈力就列不能者止”之义，吁求引退，徒以元首礼意之殷渥，辞不获命，暂靦然滥竽今职。亦惟思拾遗补阙，为无用之用，而事实上则与政治之关系日趋于疏远，更得闲者，则吾政治生涯之全部，且将中止矣。

夫以二十年习于此生涯之人，忽焉思改其度，非求息肩以自暇逸也，尤非有所愤恶而逃之也。吾自始本为理论的政谈家，其能勉为实行的政务家与否，原不敢自信，今以一年来所经历，吾一面虽仍确信，理论的政治，吾中国将来终不可以蔑弃；吾一面又确信，吾国今日之政治，万不容拘律以理论。而现在佐元首以实行今日适宜之政治者，其能力实过吾倍蓰。以吾参加于诸公之列，不能多有所助于其实行，亦犹以诸公参加于吾之列，不能多有所助于吾理论也。夫社会以分劳相济为宜，而能力以用其所长为贵。吾立于政治当局，吾自审虽蚤作夜思、鞠躬尽瘁，吾所能自效于国家者有几？夫一年来之效既可睹矣。

吾以此日力，以此心力，转而用诸他方面，安见其所自效于国家者，不有以加于今日？然则还我初服，仍为理论的政谈家耶？以平昔好作政潭之人，而欲绝口不谈政治，在势固必不能自克；且对于时政得失而有所献替，亦言论家之通责，吾岂忍有所讳避？虽然，吾以二十年来几度之阅历，吾深觉政治之基础恒在社会，欲应用健全之政论，则于论政以前更当有事焉。而不然者，则其政论徒供刺激感情之用，或为剽窃干禄之资，无论在政治方面，在社会方面，皆可以生意外之恶影响，非直无益于国而或反害之。

故吾自今以往，不愿更多为政谈，非厌倦也。难之故慎之也。政谈且不愿多作，则政团更何有？故吾自今以往，除学问上或与二三朋辈结合讨论外，一切政治团体之关系，皆当中止，乃至生平最敬仰之师长，最亲习之友生，亦惟以道义相切劘，学艺相商榷；至其政治上之言论、行动，吾决不愿有所与闻，更不能负丝毫之连带责任。非孤僻也，人各有其见地，各有其所以自信者，虽以骨肉之亲，或不能苟同也。

夫身既渐远于政局，而口复渐稀于政谈，则吾之政治生涯，真中止矣。吾自今以往，吾何以报国者？吾思之，吾重思之，吾犹有一莫大之天职焉。夫吾固人也，吾将讲求人之所以为人者，而与吾人商榷之；吾固中国国民也，吾将讲求国民之所以为国民者，而与吾国民商榷之。人之所以为人，国民之所以为国民，虽若夫妇之愚可以与知乎，而吾国竟若有所未解，或且反其道恬不以为怪。质言之，则中国社会之堕落窳败，晦盲否塞，实使人不寒而栗。以智识才技之晻陋若彼，势必劣败于此物竞至剧之世，举全国而为饿殍；以人心风俗之偷窳若彼，势必尽丧吾祖若宗遗传之善性，举全国而为禽兽。

在此等社会上而谋政治之建设，则虽岁变更其国体，日废置其机关，法令高与山齐，庙堂日昃不食，其亦曷由致治，有蹙蹙以底于亡已耳！夫社会之敝，极于今日，而欲以手援天下，夫孰不知其难？虽然，举全国聪明才智之士，悉辏集于政界，而社会方面空无人焉，则江河日下，又何足怪？吾虽不敏，窃有志于是，若以言论之力，能有所贡献于万一，则吾所以报国家之恩我者，或于是乎在矣！

舆论之母与舆论之仆

凡欲为国民有所尽力者，苟反抗于舆论，必不足以成事。虽然，舆论之所在，未必为公益之所在。舆论者，寻常人所见及者也；而世界贵有豪杰，贵其能见寻常人所不及见，行寻常人所不敢行也。然则豪杰与舆论常不相容，若是豪杰不其殆乎？然古今尔许之豪杰，能烂然留功名于历史上者踵相接，则何以故？

赫胥黎尝论格兰斯顿曰："格公诚欧洲最大智力之人，虽然，公不过从国民多数之意见，利用舆论以展其智力而已。"约翰·摩礼（英国自由党名士，格公生平第一亲交也。）驳之曰："不然。格公者，非舆论之仆，而舆论之母也。格公常言：大政治家不可不洞察时势之真相，唤起应时之舆论而指导之，以实行我政策。此实格公一生立功成业之不二法门也。盖格公每欲建一策行一事，必先造舆论，其事事假借舆论之力，固不诬也。但其所假之舆论，即其所创造者而已。"

饮冰子曰：谓格公为舆论之母也可，谓格公为舆论之仆也亦可。彼其造舆论也，非有所私利也，为国民而已。苟非以此心为鹄，则舆论必不能造成。彼母之所以能母其子者，以其有母之真爱存也。母之真爱其子也，恒愿以身为子之仆。惟其尽为仆之义务，故能享为母之利权。二者相应，不容假借，豪杰之成功，岂有侥幸耶？

古来之豪杰有二种：其一，以己身为牺牲，以图人民之利益者；其二，以人民为刍狗，以遂一己之功名者。虽然，乙种之豪杰，非豪杰而民贼也。二十世纪以后，此种虎皮蒙马之豪杰，行将绝迹于天壤。故世界愈文明，则豪杰与舆论愈不能相离。

然则欲为豪杰者如之何？曰：其始也，当为舆论之敌；其继也，当为舆论之母；其终也，当为舆论之仆。敌舆论者，破坏时代之事业也；母舆论者，过渡时代之事业也；仆舆论者，成立时代之事业也。非大勇不能为敌，非大智不能为母，非大仁不能为仆，具此三德，斯为完人。

新民议

叙论

天下必先有理论然后有实事，理论者实事之母也。凡理论皆所以造实事，虽高尚如宗教之理论，渊远如哲学之理论，其目的之结果，要在改良人格，增上人道，无一非为实事计者；而自余政治家言、法律家言、群学家言、生计家言，更无论矣。故理论而无益于实事者，不得谓之真理论。

虽然，理论亦有二种：曰理论之理论，曰实事之理论。理论之理论者，又实事之理论之母也。二者之范围，不能划然。比较而论之，则宗教、哲学等，可谓理论之理论；政治学、法律学、群学、生计学等，可谓之实事之理论。虽然，其中又有等差焉，即以生计学一部论之，有所谓生计学原理者，有所谓应用生计学者，有所谓生计政策者。以第一类与第二类比较，则前者为理论之理论，后者为实事之理论；以第一、第二类与第三类比较，则前二皆理论之理论，后一为实事之理论。推之他学，莫不皆然。

理论之理论，与实事之理论，两者亦有先后乎？曰：两者互为先后。民智程度尚低之时，其人无归纳综合之识想，惟取目前最近之各问题，研究其利害得失，故实事之理论先，而理论之理论后。虽然，此等理论，其谬误者，恒十而八九。及民智稍进，乃事事而求其公例，学学而探其原理，公例原理之既得，乃推而按之于群治种种之现象，以破其弊而求其是，故理论之理论先，而实事之理论反在后。此各国学界所同经之阶级也。吾中国自今以前，皆为最狭隘、最混杂、最谬误的种种“实事理论”之时代；至于今日，而所谓理论之理论者，始萌芽焉；若正确的实事之理论，犹瞠乎远也。

两者亦有优劣乎？曰：无也。理论之理论，其范围广远，其目的高尚，然非有实事之理论，则无以施诸用；实事之理论，其范围繁密，其目的切实，然非有理论之理论，则无以衡其真。二者相依以成，缺一不可。欲以理论易天下者，不可不于此两者焉并进之。

余为《新民说》，欲以探求我国民腐败堕落之根原，而以他国所以发达进步者比较之，使国民知受病所在，以自警厉、自策进，实理论之理论中最粗浅、最空衍者也，抑以我国民今日未足以语于实事界也。虽然，为理论者，终不可不求其果于实事；而无实事之理论，则实事终不可得见。今徒痛恨于我国之腐败堕落，而所以救而治之者，其道何由？徒艳羡他国之发达进步，而所以蹑而齐之者，其道何由？此正吾国民今日最切要之问题也。以鄙人之末学寡识，于中外各大哲高尚闳博之理论，未窥万一，加以中国地大物博，国民性质之复杂，历史遗传之繁远，外界感受之日日变异，而国中复无统计，无比例，今乃欲取一群中种种问题而研究之、论定之，谈何容易，谈何容易？虽然，国民之责任，不可以不自勉；报馆之天职，不可以不自认。不揣梼昧，欲更为实事之理论，以与爱群爱国之志士相商榷、相策厉，此《新民议》所由作也。

吾思之，吾重思之，今日中国群治之现象，殆无一不当从根柢处摧陷廓清，除旧而布新者也。天演物竞之理，民族之不适应于时势者，则不能自存。我国数千年来，以锁国主义立于大地，其相与竞者，惟在本群，优劣之数，大略相等，虽其中甲胜乙败，乙胜甲败，而受其敝者，不过本群中一部分，而其他之部分，亦常有所偏进而足以相偿。故合一群而统计之，觉其仍循进化之公例，日征月迈，而有以稍善于畴昔，国人因相以安焉，谓此种群治之组织，不足为病也。一旦与他民族之优者相遇，形见势绌，著著失败，在在困衡，国人乃眙骇相视，知其然而不知其所以然。其稍有识者，谓是皆由政府之腐败、官吏之桎梏使然也。夫政府、官吏之无状，为一国退化之重要根原，亦何待言？而谓舍此一端以外，余者皆尽美尽善，可以无事改革，而能存立于五大洲竞争之场，吾见其太早计矣！

我国以开化最古闻于天下，当三千年前欧西狉狉榛榛之顷，而我之声明文物，已足与彼中之中世史相埒。由于自满自惰，墨守旧习，至今阅三千余年，而所谓家族之组织，国家之组织，村落之组织，社会之组织，乃至风俗、礼节、学术、思想、道德、法律、宗教一切现象，仍岿然与三千年前无以异。

夫此等旧组织、旧现象，在前此进化初级时代，何尝不为群治之大效？而乌知夫顺应于昔日者，不能顺应于今时，顺应于本群者，不能顺应于世界，驯至今日千疮百孔，为天行大圈所淘汰，无所往而不败矣。其所以致衰弱者，原因复杂而非一途，故所以为救治者，亦方药繁重而非一术。

呜呼，此岂可以专责诸一二人，专求诸一二事云尔哉！吾故今就种种方面，普事观察，将其病根所在，爬罗剔抉，而参取今日文明国通行之事实，按诸我国历史之遗传与现今之情状，求其可行，蕲其渐进，作《新民议》。

禁早婚议

言群者必托始于家族，言家族者必托始于婚姻，婚姻实群治之第一位也。中国婚姻之俗，宜改良者不一端，而最重要者厥为早婚。

凡愈野蛮之人，其婚姻愈早；愈文明之人，其婚嫁愈迟。征诸统计家言，历历不可诬矣。婚嫁之迟早，与身体成熟及衰老之迟早，有密切关系，互相为因，互相为果。（惟其早熟早老，故不得不早婚，则乙为因而甲为果；以早婚之故，所遗传之种愈益早熟早老，则甲为因而乙为果。）社会学公理，凡生物应于进化之度，而成熟之期，久暂各异。进化者之达于成熟，其所历岁月必多，以人与鸟兽较，其迟速彰然矣。虽同为人类，亦莫不然，劣者速熟，优者晚成，而优劣之数，常与婚媾之迟早成比例。

印度人结婚最早，十五而生子者以为常，而其衰落亦特速焉。欧洲人结婚最迟（就中条顿民族尤甚），三十未娶者以为常，而其民族强建，老而益壮。中国、日本人之结婚，迟于印度而早于欧洲，故其成熟衰老之期限，亦在两者之间。故欲观民族文野之程度，亦于其婚媾而已。即同一民族中，其居一于山谷鄙野者，婚嫁之年，必视都邑之民较早，而其文明程度，亦恒下于都邑一等，盖因果相应之理，丝毫不容假借者也。

吾今请极言早婚之害：

（一）害于养生也。少年男女，身体皆未成熟，而使之居室，妄斫丧其元气，害莫大焉。不特此也，年既长者，情欲稍杀，自治之力稍强，常能有所节制，而不至伐性；若年少者，其智力既稚，其经验复浅，往往溺一时肉欲之乐，而忘终身痼疾之苦，以此而自戕，比比然矣。吾闻伦理学家言："凡人各对于己而有当尽之义务。"盖以人之生也，今日之利害，往往与明日之利害相背驰，纵一时之情欲，即为后日堕落苦海之厉阶。

故夫人生中寿六十年，析而分之，凡得二万一千九百十五日，日日之利害既各相异，则是一日可当一人观也。然则六十年中，恰如有各异利害之二万人者，互相继续，前后而列居，其现象与二万余人同时并居于一社会者同，不过彼横数而此竖计云尔。此二万余人中，若有一人焉，纵欲过度，为躯干伤，则列其后者，必身受其纵欲所生之祸，其甚焉者则中道夭折焉，其次焉者亦半生萎废焉。中道夭折，则是今日之我，杀来日之我也；半生萎废，则是今日之我，侵来日之我之自由也。夫以一人杀一人，以一人侵一人之自由，就法律上犹必按其害群之罪而痛惩之，况于以今日之一我，而杀来日之万数千我，而侵来日之万数千我之自由，其罪之重大，岂复巧历所能算也。一群之人，互相杀焉，互相侵自由焉，则其群必不能成立，此尽人所同解也。由此言之，苟一群中人人皆自杀焉，人人皆自侵其自由焉，则其群效之结果，更当何似也。夫孰知早婚一事，正自杀之利刃，而自侵自由之专制政体也。

夫我中国民族，无活泼之气象，无勇敢之精神，无沉雄强毅之魄力，其原因虽非一端，而早婚亦实尸其咎矣。一人如是，则为废人；积人成国，则废为国。中国之弱于天下，皆此之由！

（二）害于传种也。中国人以善传种闻于天下。综世界之民数，而吾国居三之一焉，盖亦足以自豪矣。虽然，顾可恃乎？据生物学家言：天地间日日所产出之物，其数实恒河沙无量数，不可思议，使生焉者而即长成焉，则夫一雄一雌之所产，（无论为植物，为动物，为人类。）不及千年，而其子孙即充满于全球，而无复余锥之地。然则今日之茁焉、泳焉、飞焉、走焉、蠕焉、步焉、制作焉于此世界者，不过其所卵、所胎、所产之同类亿万京垓中之一而已。孵者亿而育者一，育者亿而活者一，活者亿而长成者一，其淘汰之酷祸，若兹其难避也。

故夫人之所以贵于物，文明人之所以贵于野蛮者，不在其善孵、善育也，而在善有以活之，善有以长成之。传种之精义，如是而已。活之、长成之之道不一端，而体魄之健壮，养教之得宜，其尤要也。故欲对于一国而尽传种之义务者，（第一）必须其年龄有可以为人父母之资格；（第二）必须其能力可以荷为人父母之责任。如是者，则能为一国得佳种；不然者，徒耗其传种力于无用之地。不宁惟是，且举一国之种子则腐败之，国未有不悴者也。吾中国以家族为本位者也（西人以一人为本位，中国以一家族为本位，此其理颇长，容别著论论之。），昔贤之言曰："不孝有三，无后为大。"举国人皆于此兢兢焉。有子女者，甫离襁褓，其长亲辄孳孳然以代谋结婚为一大事。甚至有年三十而抱孙者，则戚族视为家庆，社会以为人瑞。

彼其意岂不曰：是将以昌吾后也。而乌知夫此秀而不实之种，其有之反不如其无之之为愈也。接统计学家言：凡各国中人民之废者、疾者、夭者、弱者、钝者、犯罪者，大率早婚之父母所产子女居其多数。（美国玛乐斯密、日本吴文聪所著统计各书，列表甚详，今避繁不具引。）盖其父母之身体与神经，两未发达，其资格不足以育佳儿也。（论者或驳此论，而举古今名人中亦有属于早婚者之子以为证。不知此特例外偶见之事耳，凡论事总不能举例外，必当以多数为凭。如彼主张女权者，举妇女中一二优秀之人，以为妇女脑力不劣于男子之证；又如中国回护科举者，谓科举中亦往往有人才，而以为科举无弊，皆非笃论也。加藤弘之《天则百话》曾著论《答客难》，今不具引。）

故彼早婚者之子女，当其初婚时代之所产，既已以资格不足，无以得佳种；及其婚后十年或二十年，男女既已成熟，宜若所产者良矣，而无如此十年、二十年中，已犯第一条害于养生之公例，斫丧殆尽，父母俱就尫弱，而又因以传其尫弱之种于晚产之子，是始终皆尫弱也。夫我既以早婚而产弱子，则子既弱于我躬；子复以早婚而产弱孙，则孙又将弱于我子。如是递传递弱，每下愈况，虽我祖宗有雄健活泼虎视一世之概，其何堪数传之澌灭也？抑尫弱之种，岂惟无益于父母之前途，而见累又甚焉。一家之子弟尫弱，则其家必落；一国之子弟尫弱，则其国必亡。昔斯巴达人有产子者，必经政府验视，苟认其体魄为不合于斯巴达市民之资格，则隘巷寒冰，弃之不稍顾惜，岂酷忍哉？以为非如是，则其种族不足以竞优胜于世界也。而中国人惟以多产子为人生第一大幸福，而不复问其所产者为如何，执是宗旨，则早婚宁非得策欤？中国民数所以独冠于世界者，曰惟早婚之赐；中国民力所以独弱于世界者，曰惟早婚之报。夫民族所以能于立天地者，惟其多乎？惟其强耳！

谚曰："鸷鸟屡百，不如一鹗。"以数万之英人（现英国驻印度之常备兵仅八万人），驭三万万之印度，而戢戢然矣。我国民旅居外国者不下数百万，而为人牛马；外国人旅居我国者不过一万，而握我主权。种之繁固足恃耶？畴昔立于无外竞之地，优劣胜败，一在本族，何尝不可以自存？其奈膨胀而来者之日日肉薄于吾旁也。故自今以往，非淘汰弱种，独传强种，则无以复延我祖宗将绝之祀。昔贤所谓"不孝有三，无后为大”，正此之谓也。一族一家无后，犹将为罪；一国无后，更若之何？欲国之有后，其必自禁早婚始。

（三）害于养蒙也。国民教育之道之端，而家庭之教与居一焉。儿童当在抱时，当绕膝时，最富于模仿之性。为父母者示之以可法之人格，因其智识之萌芽而利导之，则他日学校之教，社会之教，事半功倍。此义也，稍治教育学者，皆能言之矣。凡人必学业既成，经验既多，然后其言论举动，可以为后辈之模范，故必二十五岁或三十岁以上，乃有可以为人父母之能力。

彼早婚者，藐躬固犹有童心也，而已突如弁兮，□然代一国荷教育子弟之责任。夫岂无一二早慧之流，不辜其责者，然以不娴义方而误其婴儿者，固十而八九矣。自误其儿何足惜，而不知吾儿者，非吾所能独私也，彼实国民一分子，而为一国将来之主人翁也。一国将来之主人翁，而悉被戕于今日愦愦者之手，国其尚有豸乎？故不禁早婚，则国民教育将无所施也。

（四）害于修学也。早婚非徒为将来教育之害也，而又为现在教育之害。各国教育通例，大率小学七八年，中学五六年，大学三四年，故欲受完全教育者，其所历必在十五六年以上。常人大抵七八岁始就傅，则其一专门学业之成就，不可不俟诸二十二三岁以外。其前乎此者，皆所谓修学年龄也。

此修学年龄中，一生之升沉荣枯，皆于是定焉。苟有所旷、有所废，则其智、德、力三者，必有以劣于他人，而不足竞胜于天择之界。一人而旷焉、废焉，则其人在本群中为劣者；一群之人而皆旷焉、废焉，则其群在世界中为劣者。早婚者举其修学年龄中最重要之部分，忽投诸春花秋月、缠绵歌泣、绻恋床笫之域，销磨其风云进取之气，耗损其寸阴尺璧之时，虽有慧质，亦无暇从事于高等事业，乃不得不改而就下等劳力以自赡。此辈之子孙日多，即一群中下等民族所以日增也。国民资格渐趋卑下，皆此之由。

（五）害于国计也。生计学公理，必生利者众，分利者寡，而后国乃不蹶。故必使一国之人，皆独立自营，不倚赖于人，不见累于人，夫是以民各尽其力，而享其所尽之力之报，一国中常绰绰若有余裕，此国力之所由舒也。准此公例，故人必当自量其一岁所入，于自赡之外，犹足俯畜妻子，然后可以结婚。夫人当二十以前，其治生之力，未能充实，势使然矣。故必俟修学年龄既毕，确执一自营自活之职业，不至累人，不至自累，夫乃可以语于婚姻之事。

今早婚者，其本身方且仰食于父母，一旦受室，不及数年，儿女成行，于此而不养之乎，则为对于将来之群而不尽责任；于此而养之乎，我躬治产之力，尚且不赡，势不得不仍仰给于我之父母。夫我之一身而直接仰给于我之父母，其累先辈既已甚矣；乃至并我之妻子而复间接以仰给于我之父母，我父母生产力虽极大，其安能以一人而荷十数口之责任也？夫我中国民俗，大率皆以一人而荷十数口之责任者也，故所生之利，不足以偿所分，而一国之总殖日微，然其咎不在累于人者而在累人者。无力养妻子而妄结婚，是以累人为业也，一群之蠹，无耻之尤也。不宁惟是，谚有之：“贫者恒多子。”贫者之多子也，非生理学上公例然也。

彼以其早婚之故，男女居室之日太永，他无所事，而惟以制造小儿为业，故子愈多，子愈多则愈益贫。贫也者，非多子之因，而多子之果也。贫而多子，势必虽欲安贫而不可得，悍者将为盗贼，黠者将为棍骗，弱者将为乞丐，其子女亦然。产于此等之家，其必无力以受教育，岂待问哉？既已生而受弱质矣，又复无教育以启其智而养其德，更迫于饥寒而不得所以自活之道，于是男为流氓，女为娼妓。然则其影响岂惟在生计上而已？一群之道德法律，且将扫地以尽。夫孰知早婚之祸之如是其剧而烈也！

据统计家所调查报告，凡愈文明之国，其民之结婚也愈迟；愈野蛮之国，其民之结婚也愈早。故现代诸国中，其结婚平均年龄最早者为俄罗斯，次为日本（吾中国无统计，无从考据，大约必更早于日本也。），最迟者为挪威，次为普鲁士，次为英吉利。（据玛乐斯密所报，则普鲁士平均男之年二十九岁有奇，女之年二十六有奇；英国平均男之年二十八有奇，女之年二十六有奇；挪威平均男之年三十有奇，女之年二十七有奇。）而各国递迟之率，日甚一日，今恒有异于昔，英国其尤著者也。（英国当一八八〇年，初婚之男平均年二十五零八月，初婚之女平均年二十四零四月。及一八九〇年，男平均年二十六零四月，女平均年二十四零八月。近十年来，其迟率益增。又英国人二十一岁以下而结婚者，其数日减一日，当一八七四年，计百人中男子之未成年（二十一岁为成年）结婚者，仅八人，女子仅廿二人。一八九〇年男子仅五人有奇，女子仅十九人。）而普鲁士则早婚之风，殆将尽绝。（一八九一年，普国统计男子未成年而结婚者，不过百人中之一人零二分六厘，女子不过百人中之十六人零五分。）由此言之，斯事之关于国家盛衰，岂浅鲜耶？不宁惟是，一国之中，凡执业愈高尚之人，则其结婚也愈迟；执业愈卑贱之人，则其结婚也愈早。大抵矿夫、印刷职工、制造职工等为最早，文学家、技术家、政治家、教士、军人等为最迟。（据英国一八八四年统计，则矿夫、职工等之结婚，男子平均二十四岁有奇，女子平均二十二三岁。其自由业、独立者，男子平均三十一岁有奇，女子平均二十六岁有奇。各国比例皆如此。）然则结婚早迟之率，自一人论，可以判其人格之高下；自一国论，则可以觇其国运之荣枯。呜呼，可不念耶！可不悚耶！

社会学家言：早婚之弊固多，而晚婚之弊亦不少。其一，则夫妇之间，年龄相远，故其结婚不基于爱情而基于肉欲，将有伤伦害俗之事也；其二，则男女居室之岁月益短缩，所产子女愈少，甚且行避妊之法，使人口繁殖之道将绝，近代之法国，是其例也；其三，则单身独居，非常人之情所能久堪，其间能自节制者少，男女皆酿种种恶德，因以伤害健康、败坏风俗也。三弊之中，其前二端，非吾中国今日所宜虑及，其第三端，则亦视乎教育之道何如耳？若德育不兴，则虽如今日之早婚，斯弊亦安得免？故吾以为今日之中国，欲改良群治，其必自禁早婚始！

《礼经》曰："男子三十而娶，女子二十而嫁。"於戏！先圣制作之精意，偶乎远哉？

此等问题，在今日忧国士夫，或以为不急之务。虽然，一国之盛衰，其原因必非徒在一二人、一二事也，必使一国国民，皆各能立于此竞争世界，而有优胜之资格。故其为道也，必以改良群俗为之原。日本政治上之形式，以视欧美，几于具体而微，而文明程度，犹瞠乎其后者，群俗之未可以骤易也。我国即使政治革新之目的既达，而此后所以谋进步者，固不可不殚精竭虑于此等问题。况夫群俗不进，则并政治上之目的，亦未见其能达也。故吾国民不必所待，以为吾先从事于彼，而此暂置为缓图也。见其为善，则迁之若不及；见其为弊，则克之务必胜。天下应尽之义务多矣，吾辈岂有所择焉？况乎此等问题，不必借政府之力，人人自认之而自行之，久之亦足以动政府。数年前禁缠足之论，其明效矣。故今为《新民议》，于此等事往往三致意焉。忧时之士，其或鉴之！不然，宁不见夫今日之日本，始盛倡风俗改良、社会改良，而末流之滔滔，犹未能变也。斯事之难如此，吾侪可以谋其豫矣。

著者附识。